会と千歳飴

日本文化、知恵の創造力

上野 誠 著

小学館

訳あってこの小さな島に流れ着いた人びとは　嘆きあった
食料となるものは乏しく
災害が　毎年のようにやって来るからだ
　だから　助け合って　生きるしかなかった
　だから　助け合いのルールに従わない人を仲間はずれにもする
この島には　世界中の文化が流れ込むのだが　それが……

今　教会で千歳飴をもらった記憶がよみがえる――

著者

目次

凡例

本書における『万葉集』『日本書紀』『延喜式』の引用については、以下の文献に依拠したものである。ただし、私意により一部改めたところがある。この他の引用については、引用部末尾に、その出典を明記している。

小島憲之ほか校注・訳『萬葉集（新編日本古典文学全集）』①〜④、小学館、一九九四年〜一九九六年
小島憲之ほか校注・訳『日本書紀（新編日本古典文学全集）』①および③、小学館、一九九四年および一九九八年
黒板勝美・國史大系編修會編『延喜式　後篇』吉川弘文館、一九八一年

第一章

農耕の知恵

多様な選択肢の中から米と魚を選んだ日本人

弥生時代に稲作は北部九州から津軽地方まで伝播した
(大阪府立弥生文化博物館のジオラマ)

東アジアに伝わった新石器革命

現生人類、ホモ＝サピエンスは、一万年前に中東において農耕をはじめた。いくつかの農作物のうち、カロリーが高く、運搬に便利な小麦を作ることによって人口が増え、豊かな社会が生まれ、食糧を求めて旅を続けていた狩猟採集の民は、定住するようになった。定住することによって、都市が誕生し、高度な文明が生まれた。

四大文明は、農耕によって生まれたものであり、だから、河川沿いに大規模な神殿や都市が生まれたのだ。狩猟採集社会から、農耕社会が、ここに生まれたのである。もちろん、石器も変わり、新石器時代がやって来る。その新石器革命の波は、数千年を経て、東アジアに伝わり、日本には約五千年前に伝わった。だから、縄文文化は狩猟採集文化であり、弥生文化は農耕文化である。日本において、石器と土器も大きく変化したのは、そのためだ。

私が習った歴史は、ざっとこんなものだ。細部については修正が加えられるにしても、語られるストーリーは、今でもこんなところではないか。この大きなチャートは、ゴードン・チャイルド（１８９２―１９５７）によって示された構図だ（『文明の起源』原題：*Man makes himself*　１９３６年）。そのおよそは動かないかもしれないが、チャイルドの考え方は、一つの革命史観に基づくものであることを知っておくべきである。フランス革命によって、政治のシステムが変わる。産業革命によって、産業のシステムが変わるといった考え方である。

たしかに、歴史のなかには一夜にして大きな変革が起こることもある。しかし、生活の変化というものは、何かを契機として、一瞬に変わるものではない。一つの契機が、次のステップに繋がりつつ、ゆっくりと変化してゆくものである。おそらく、チャイルドが生きた時代は、戦争と革命の時代であったから、それを反映しているのだろう。

小規模農耕から大規模農耕へ

ところが、こういったいわば革命史観に対して、大規模な農耕がはじまる前から、小規模な農耕が行なわれており、そういう経験がなくしては、大規模な農耕ははじまらないとする修正意見が出されている。私がこの考え方を知ったのは、植物遺伝学の佐藤洋一郎（1952―）からの教示による。佐藤の勧めによって、コリン・タッジ『農業は人類の原罪である―シリーズ「進化論の現在」―』（竹内久美子訳、新潮社、2002年）を読むと、新石器革命における変化は真に革命的なものとは言えず、それまでに確立されていた傾向が一つにまとまり、強化されたにすぎなかったのである。人々は農耕を発明し喜びの声を上げたのではない。異議を唱えながらも、農耕へと押し流され、あるいはそれを強制されていったのだ。

と書いてある。「押し流され」「強制」という言い方は、明らかにこの流れを否定的に捉えている。タッジのいう「原農耕」とは、およそこんなものだ。

① 生活に必要な植物が育ちやすいように、雑草を除去する。

② 生活に必要な植物を、住居の近くに移植する。

根菜でも、野菜でもよいのだが、①②のようなことなら、大規模農耕の数千年も前からやっていたはずである。ただし、①②のような活動は、考古学的に検出ができないだけのことであるというのが、タッジの意見なのである。

タッジは、近代の学問では実証が求められるが、実証できないことをもって存在しなかったとするのは、近代科学の悪い癖だともいっている。

このタッジのような考え方を、日本の状況にあてはめようとしたのが、佐藤洋一郎で、その研究を見ると、縄文時代における栗の栽培や、雑穀類の焼畑農耕、根菜類の栽培の可能性を追究しようとしている。

北九州から日本列島に広まる大規模稲作の前段階があるというのである。土地を四角に区切り、水路と畦道《あぜみち》を作っての水田農耕ならば、発掘をすれば、わかる。が、しかし。栗の栽培、粟《あわ》・稗《ひえ》などの焼畑、さらには根菜類の栽培に至っては、考古学の方法では検出が難しいのである。植物学の力を借りねばならない。

野生、半栽培、栽培

きのこ採りや、山菜採りをしたことのある人なら、わかると思うが、全部を採ってしまうと、翌年以降また生えてこないので、必ず少し残すということをする。これは、長期的に見ると、戦略的には実に正しい判断だ。エコロジーの立場から、この話を声高に喧伝《けんでん》する人たちがいるが、長期的に、得だからしているだけなのだ。つまり、きのこや山菜をどこまで採るかということについても、採り手たちはその場その場、その時その時で、適宜、常に判断しているのである。だから、自然採集といっても、栽培しているという側面もあるのだ。つまり、自然採集と栽培の間に、半栽培のような状態だってある、と考えてよい。

野生から栽培ということだってある。花だって、そうだ。野で萩《はぎ》を見つけたとする。綺麗《きれい》だなと思って、その萩を家の前の庭に移植する。それも、人の手による植物利用の人為的な選択ということができよう。野山でも採れるものを、栽培するということもあるはずである。

ちなみに、『万葉集』で歌われる花で一番多いのは、一四〇首もある萩で、萩を庭に移植することが、天平《てんぴょう》期に流行していたのである。タッジや佐藤の考え方を知って、私の脳裏には、ふとあることが思い浮かんだ。

万葉びとの「原農耕」

『万葉集』に「水葱《なぎ》」という植物が出てくる。「ナギ」は、「ネギ」のおそらく古い言い方の一つだろう。だから、「水葱」と書くのである。漢字に書く時に「水」を冠するのは、水生植物だからだ。とすれば、辛味、甘味、香気で料理にアクセントをつける食べ物だったかもしれない。今日のミズアオイのことと考えられているが、煮て食べていたようである。

醤酢《ひしほす》に　蒜《ひる》搗《つ》き合《か》てて　鯛願《たひねが》ふ　我《われ》にな見《み》えそ　水葱《なぎ》の羹《あつもの》（巻十六の三八二九）

とあって、鯛に比べると御馳走ではないが、宴席に「羹《あつもの》」すなわちスープ、お吸い物として出されることもあったようだ。

しかも、その水葱は、奈良時代に栽培されていたようなのである。というのは、水葱に動詞「植ゑ」を冠する例があるからだ。では、なぜそれで栽培されていたことがわかるのかというと、わざわざ「植ゑ」を冠するのは、野生にも水葱が存在していたからであろう。

つまり、野生のものと区別するために、「植ゑ」を冠しているのである。次の歌を見ると、上野《こうずけ》国伊香保の沼（群馬県榛名山麓）でも栽培されていたようである。特定の沼で水葱を育てていたのである。

上野《かみつけの》　伊香保《いかほ》の沼《ぬま》に　植《う》ゑ小水葱《こなぎ》　かく恋《こ》ひむとや　種求《たねもと》めけむ

（巻十四の三四一五）

また、水田の苗代に生じた水葱を大きくなるまで採らずに、大きくなってから食べるということも行なっていたようだ。その花を歌った歌もあるからだ。

苗代《なはしろ》の　小水葱《こなぎ》が花《はな》を　衣《きぬ》に摺《す》り　なるるまにまに　あぜかかなしけ

（巻十四の三五七六）

つまり、水田のなかの水葱を、除去せず、食べごろまでそのまま育てて採るということもしていたのであろう。稲作のために作った水田で、同時に水葱も育てていたようなのである。しかも、正倉院の文書によると、水葱は売られていたこともわかる。つまり、採取したり、育てて売ったりしていたのだ。

食用となる植物は、食べごろになるまで待ち、食用とはならない植物は、早く除去する。そういうことを万葉びとも行なっていたのである。

庭園文化の源流は「原農耕」にあり

京都観光といっても、半分は「庭園観光」である。人びとは、やすらぎの空間を求めて、びっくりするほど高い拝観料を払うのである。タダで見られる野山の風景ではダメなのだろうか。草木、石、築山を見るために、人びとは列を作っている。まるで、芸術品を見るかのように（それが、「文化」というものなのだろう）。

が、しかし。「庭園」は、人工の自然、第二の自然なのである。だから、「原農耕」とほとんど変わるところがない。好ましい植物を、好ましい状態とし、好ましくない植物は除去する。これと同じだ。

万葉びとたちも、同じやり方で庭いじりをした。萩なら野山から移植できる。香りのよい橘《たちばな》も、山から調達できたはずだ。もちろん、金持ちの家には、舶来の植物が植えられていた。天平時代、舶来の植物として珍重されたのは梅であった。どういう植物を、どう植えて、どのように育てるのか。そして不要な雑草をどう除去するのか。そこから庭の美を競い合うようになり、庭園が生まれてきたのである。競い合っているから、少しずつ洗練されてゆくのである。庭園と農耕とは遠いように見えるけれども、源は一つである。二つとも「原農耕」から発展したものなのである。

「摘む」という女性労働

日本でいえば、弥生時代以降が農耕社会だが、その農耕社会でも、人びとは狩猟をし、採集をしていた。つまり、農耕社会は、狩猟採集に農耕が加わった社会と考えた方がよいのである。

私は、『万葉集』を七世紀と八世紀を生きた人びとの言葉の文化財と呼んでいるが、『万葉集』を読んでいると、万葉びとが、いろいろな植物を採集していることがわかる。女たちは、さまざまな植物を摘んで、食事を作っていたのだ。ざっと拾い上げてみよう。

菱《ひし》……池に生える菱は、でんぷん質を含むので食用となり、後世には、水栗とも呼ばれていた。

君《きみ》がため　浮沼《うきぬ》の池《いけ》の　菱摘《ひしつ》むと　我《わ》が染《そ》めし袖《そで》　濡《ぬ》れにけるかも

（巻七の一二四九）

すみれ……若菜摘みで摘まれる代表的な植物。「うはぎ」（よめ菜）とともに春を代表する食用菜だったようだ。

春《はる》の野《の》に　すみれ摘《つ》みにと　来《こ》し我《われ》そ　野《の》をなつかしみ　一夜寝《ひとよね》にける

ゑぐ……今日のクロクワイといわれているもの。水中に生えるものであり、女たちは冷たい水に浸って、これを摘んだ。でんぷん質があり食用にしていたのだが、おそらくエグ味すなわち苦味があったのだろう。苦味も、一つのうま味なので、苦味を楽しんだのであろう。

（巻八の一四二四）

君《きみ》がため　山田《やまだ》の沢《さは》に　ゑぐ摘《つ》むと　雪消《ゆきげ》の水《みづ》に　裳《も》の裾《すそ》濡《ぬ》れぬ

（巻十の一八三九）

蓼《たで》……蓼は湿地に生える草だが、葉に辛味成分があって、これを調味料とするのが、蓼酢である。「蓼喰う虫も好き好き」というが、この辛味成分があるので、虫も寄りつかないのである。それでも、蓼を喰う虫もいるということなのである。その辛味成分には、殺菌効果もあるので、生ものを食べる時には、食あたりを防いでくれるのである。それは、まさしくわさびと同じである。

我《わ》がやどの　穂蓼古幹《ほたでふるから》　摘《つ》み生《お》ほし　実《み》になるまでに　君《きみ》をし待《ま》たむ
（巻十一の二七五九）

みら……現在の韮《にら》の一種と考えればよい。ニンニクに似た刺激成分を利用して、味に変化を持たせることができたのであろう。

伎波都久《きはつく》の　岡《をか》のくくみら　我摘《われつ》めど　籠《こ》にも満《み》たなふ　背《せ》なと摘《つ》まさね
（巻十四の三四四四）

芹……今日でも、さまざまな種類の芹を食用しているので、説明の必要もないが、その香気を利用して調理がなされたのであろう。左の歌でわかることは、水田にあった芹を食用とすることがあったということである。芹摘みは本来、女性労働であったので、男性が芹を摘んで女性に贈ると、「ますらを」すなわち立派な男がすべき仕事がおろそかになっていませんか、と揶揄《からか》われたのである。

ますらをと　思《おも》へるものを　大刀佩《たちは》きて　可爾波《かには》の田居《たゐ》に　芹《せり》そ摘《つ》みける
（巻二十の四四五六）

「摘む」という行為は、本来は、爪を使って切り離して集める行為をいう言葉だったと思われる。歌を見ていると、摘むという労働は女性労働であったことがわかる。労働に男女の分業があるのは、前近代までの文化である。

このほか、女性労働で重要だったのは、水汲《く》み、衣服制作、洗濯、そして調理である。女たちは、水生植物、湿地を好む植物などの香気、殺菌効果、辛味、苦味を利用していたことがわかる。

おもしろいのは、野生の芹を採集しているものもあれば、水田の芹を採ることもあったことである。水葱のように半栽培のかたちもあったようだ。さらには、採集といっても、どう採集するかということについては、採集者が決めるので、「原農耕」に近い場合だってあるはずである。

つまり、「採集」「原農耕」「農耕」は、自然を改変する度合いの違いでしかないのである。人が自然に働きかけるという点についていえば、すべて同じだと考えてよい。

採集経済の比重は今でも大きい

私たちの労働には、ＧＤＰなどのように数値化できるものと、できないものとがある。沢の芹を摘んで、煮て食べれば、それはＧＤＰにはならない。ところが、摘んだ芹を市場に出して、売買が成立すれば、お金に換算される価値となる。では、農耕社会が発達し、さらに貨幣経済が成立すると採集をしなくなるかというと、そんなことはない。ＧＤＰを拡大することがはたして善なのか。ＧＤＰを拡大する政策がはたして賢なのか。私には、善悪、賢愚がよくわからない。

ここから先の話は、経済の問題ではなく、とたんに哲学の問題となってしまう。『万葉集』を読むと、大伴旅人は、妻と二人で庭作りを楽しんでいたことがわかる。最愛の妻を任地の大宰府で喪《うしな》った旅人は、二人でガーデニングを楽しんだ平城京の家の庭を見ると、妻のことを思い出して悲しくなってしまうだろう。実際に、任地から平城京に帰ってみると、それは旅よりも苦しいことだった、と歌っている（巻三の四四〇）。妻が死んだあとに、見ることが辛いと思えるほどの、思い出の詰まった庭を、旅人は持っていたのである。それは、逆に、人間として、幸福なことなのではなかろうか。それほどの思い出の庭を持つ人は、現代にどれほどいるだろうか。

一期一会の出逢いは金銭に換算できない

では、この二人の庭作りの価値というものは、どのような金銭的価値を持つのか。それと同じ楽しみを旅行で得られるとすれば、その旅行代金と見合うものか。しかし、それは違う。その人間が、その時に、その場でしか味わえない幸福があるとすれば、それは唯一無二のもので、金銭に換算することなど、土台不可能というものである。

私は、奈良県吉野町で早朝に山菜採りの名人と山に入り、山菜採りをして、昼ご飯にその山菜を天ぷらにしてもらったことがある。人生のなかで一番美味《おい》しかった天ぷらは、この時の天ぷらである。

名人が揚げる天ぷらは、一つひとつの山菜の状態を見ながら、衣をつけるのである。大きいもの、小さいもの、熟しているもの、未熟なもの、というように、一つひとつを判断して、衣のつけ方を変えるのだ。そうすることによって、それぞれの山菜の味が引き立つように揚げてくれるのである。おそらく、衣のつけ方で、なかへの熱の通り方が違うことを経験によって知っているのだ、と思う。

そして、天ぷらを揚げながら、この山菜はエグ味（苦味）がありますから、口のなかがひりひりしますよぉ、などと解説されて、一つひとつの山菜を食べるのである。すると、私のような者にでも、山菜ごとの味の違いがよくわかった。もちろん、山菜の風味を味わうので、味つけは塩のみ。

さらに、もう一つ、味の秘密があった。自分が採った山菜であることも、じつに嬉しいのだ。もちろん、お金と名誉は、私の大好物だが、一期一会の幸福は、ほかのものと置き換えることができないのである。

以上の話を、著名な料理人である野崎洋光（1953―）にしたところ、膝をポンと打って、こんな答えが返ってきた。「山菜でも、きのこでも、地魚でもよいのですが、ほんとうに美味しい食べ方を知っているのは、長年その地に住んで、狩や漁をしている人たちなんですよ。料理人になったら、お金をもらいますから、見栄えのするように料理はしますが、ほんとうの美味しい食べ方は、その土地の人しか知らないものです。でも、その土地の人は、幸か不幸か、それが最高の食べ方であるということを知らないんですよ。どこに幸福が転がっているか、わかりませんよね」と教えてくれた。

このように、幸福という問題となると、とたんに哲学の問題となってしまうのである。と同時に、私は、今日においても、採集物の比重というものは、あまり下がっていない、と考えている。われわれの眼に見えにくくなっているだけだ、と思う。

もちろん、毎日、山菜でよいのか。山菜採り名人が、山菜採りだけで暮らしているわけではないだろう、という批判はあるだろう。その通りである。ただ、私が、ここで山菜採りと山菜の天ぷらの話をしたのは、歴史というものは、堆積してゆくもので、過去の経験の上に積み重なるものであるということを、万葉びとの食物採集と重ね合わせて理解してほしかったからである。そして、何よりも、世の中には、金銭換算しにくい価値もあることを強調したかったからである。

「原農耕」から大規模農耕へ

「原農耕」というべきものは、狩猟、採集の延長線上にあるべきものであり、しかも、今を生きる私たちの生活のなかにも、存在する営みである、と私は述べてきた。

ところが、小麦や米などの大規模な農耕は、人間の生活を大きく変えるものである。北部九州に、朝鮮半島や中国の華南地方からもたらされた稲作は、技術、技術者、耕作道具も含めたいわばプラント輸出にあたるものである。

つまり、車を輸出するのではなく車工場を、航空機を輸出するのではなく空港も含めた航空産業のシステムを輸出するのと同じである。福岡県の板付《いたづけ》遺跡（福岡市博多

区板付）や、佐賀県の菜畑《なばたけ》遺跡（唐津市菜畑）を見ると、

①住居と耕作地を分け、
②耕地を四角に区切って管理し、
③稲作に特化した

村の様子を知ることができる。

それは、私たちが農村といった時に思い浮かべる村の姿だ。この風景は、都会人が見れば懐かしい景色であり、日本の原風景と考える人も多いかもしれないが、渡来人たちの技術と、その技術を支える技術思想が生み出した風景にほかならないのだ。だから、どこに行っても同じなのである。それは、車の工場や空港が、どこの国でも似

写真提供／唐津市

菜畑遺跡（佐賀県唐津市）はわが国最古の水田跡があることで知られる。

写真提供／福岡市

わが国最古の「農村」と称される板付遺跡（福岡市博多区）。

ているのと同じである。
もし、この比喩《ひゆ》に疑念があるというのなら、中国雲南や華南の水田とミャンマーの水田と、韓国ソウル近郊の水田の航空写真を見て、たちどころにその場所を特定することができる人がいるだろうか。できるとすれば、それは農村地理学の専門家か、軍事用スパイ衛星の分析者に相違ない。

上田町遺跡（大阪府松原市）。弥生時代の典型的な小区画水田（写真提供／松原市）。

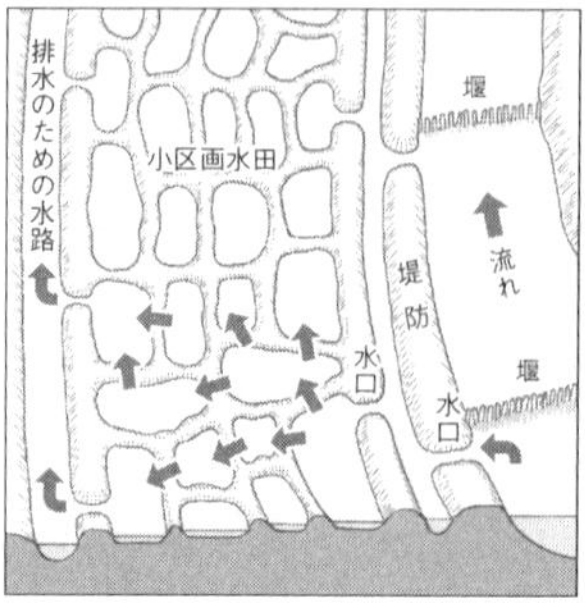

灌漑型水田の模式図（大阪府文化財センターのものを基に編集部で作成）

私たちは縄文人の子孫でも、弥生人の子孫でもある

おそらく、縄文時代の終わりには、大量の技術者たちと、その技術を身につけた移民がやって来たはずだ。かつては、縄文人（原日本人）VS弥生人（渡来人）の戦争のようなものを想定し、おもしろおかしく語る人もいたが、たぶんその議論は、以下の二つの理由から成り立たない。

一つは、縄文人といっても、北から南からやって来て、日本列島に住み着いた人びとであり、われわれは、広くいえば全員移民の子孫である。古渡りか、新参者の違いでしかない。次に、渡来人といえども、育った地域や文化を越えて、結婚をし、子供を育ててきたので、遺伝的にも、文化的にも、その地に適応して生きてゆくものなのである。だから、やや肯定的に日本文化論を説く本書においても、弥生の渡来人は、私たちの祖先の話として語るべきなのである。

おそらく、実態は、こんなものであろう。新しくやって来た渡来人たちは、時に対立、時に協力し合いながら、数世代後には、彼我の差を意識することもなくなったのではなかろうか。

ただし、稲作は狭い土地で多くの人口を養えるので、稲作を導入した農村では、人

口増加率が高い。人骨を扱う形質人類学者が、大量の渡来人の渡来と、その混血によって、人体の特徴が変化したと述べるのは、ここに理由があるようなのだ（中橋孝博『日本人の起源―人類誕生から縄文・弥生へ―』講談社、2019年）。

ちなみに、もし辿《たど》れるものなら、私の祖先がアフリカにいた時から、どのような旅を続けて、日本にやって来て、私の両親に繋がるか、調べてみたい。しかし、それは理論上、不可能なことなのである。私には、父親と母親がいるが、祖父母は四人（二代前）いる。曾祖父母となると八人（三代前）となる。その前となると、十六人（四代前）、三十二人（五代前）、六十四人（六代前）、百二十八人（七代前）。さらに、さらに……。私は、それらの人びとから、遺伝的形質と文化を少しずつ受け継いでいると思うが、それを追いきれるものではない。

大相撲に強いのはどんな遺伝子を伝える人びとか

ここで、ちょっとした遊びを楽しんでみよう。日本の大相撲《おおずもう》には土俵があるが、土俵という限られた空間で、体重制限がないのなら、北冷地に適応した大きな体を持つ人に有利だ。一つは、トンガやハワイ出身のポリネシア人は、長い航海生活によって、風や潮飛沫から体温を奪われていたので体は寒冷地に対応している。そして、モンゴルの人びとの体も、寒冷地に適応しているので横にも縦にも大きい。大相撲入門者が多いのも事実だが、土俵があり、体重制限がない限り、体が大きい北方仕様の遺伝子を持つ人々に有利であろう。

この機会に、もう一つの楽しい笑い話を。今から三十年ほど前、私は休みごとに中国を旅していたが、なぜかどこに行っても、広東省《カントン》の方言である広東語で話しかけられた。どうやら、私の顔は、中国の人がイメージする典型的な広東人の顔らしい。そこに私のルーツの一つがあるのかもしれない。

穀物と鉄が「幸福」をもたらすか？

縄文晩期に、渡来人によってもたらされた稲作は、日本列島に広がり、社会を変えた。人口が増加するばかりでなく、食糧の移動に便利な稲は、村と村との結びつきを強くしたし、富や権力の集中をもたらして、都市や王権が生まれたのである。そして、都市や王権は、今日の国家の枠組みにも繋がるから、大規模農耕から国家が生まれたと考えることもできる。麦や米などの特定の穀物の生産高が国力を計る基準になった時代（近世の石高制）、鉄の生産高が国力を決めた時代（工業化社会）を生きた歴史学者、考古学者たちは、稲作や鉄の研究に熱中したのであった（ちょっと、皮肉がすぎるか？　差し障りがあれば、お許しを）。すぐれた学者といえども、時代の軛《くびき》を逃れることはできないのだ。

だから、時代が変われば、歴史に対する見方も変わる。あらゆる文明の根源とされた大規模農耕や、金属生産から歴史を見る見方は、少しずつではあるが、見直されつつある。その見直しは、人びとが脱工業化を意識しはじめたのと軌を一にする。一九六〇年ごろから狩猟採集社会が、じつは労働時間も少なく、多様で豊かな社会だったとする研究者も増えてきた。

幸福と不幸の歴史

大規模な穀物生産は、人口の増加をもたらす。その人口増加に適応して、人は小麦や稲の奴隷となり、移送が便利な穀物は、奪い合いの対象となりやすいから、戦争を人類にもたらす。

腰が曲がるまで働く人がいる一方で、富める者は、ますます裕福になり、貧富の差は著しく増大する。特定の穀物の集密な栽培は、病虫害の発生によって、たびたび飢《き》饉《きん》をもたらした。そして、人口密度の高い都市は、疫病の流行をもたらすことになった。農耕社会は、奴隷社会だ。しかし、人間は、元の森の生活に帰ることはできない。

そういう論調が、この三十年で増えてきた。

コリン・タッジが農耕を「原罪」のように規定するのは、大規模農耕や鉄が、ほんとうに、人間に「幸福」をもたらしたのか、という根本的な問いがあったからなのである。ベストセラーとなったユヴァル・ノア・ハラリの『サピエンス全史―文明の構造と人類の幸福―（上）（下）』（柴田裕之訳、河出書房新社、２０１６年）にも、同じような問いかけがある。また、ハラリの師匠にあたるジャレド・ダイアモンドの『銃・病原菌・鉄（上）（下）』（倉骨彰訳、草思社、２０２０年、文庫初版２０１２年、初版２０００年）も、大規模農耕の禍福を相対化して語ろうとする、いわば反省の世界史、不幸の人類史である。ハラリの本のすばらしさは、新しい研究の潮流を、わかりやすい言葉で語った点にある、と思う。

半面、一方的に狩猟採集社会を理想化したり、縄文社会を思想化するのも、滑稽なことではなかろうか。それは、江戸時代を暗黒社会とみなしたり、はたまた自由で平和な理想社会ともてはやしたりするのと同じである。そういう見方は、「歴史」を描く者の現実社会への不満を反映しているにすぎないのではないか。

私は、学生たちに言う。青い鳥はどこにもいないんだよ。天国に住んでも不満があるだろうし、地獄に住んでも案外楽しみを思い出すことができるかもしれないよ、と。

それより、大切なのは、何が「幸福」か、と常に自分の頭で考えることだ、と。私は、学生たちに問いかけるのだが――。

芋と雑穀は貧乏人の食物

稲作が、邪馬台国《やまたいこく》、大和《やまと》王権、さらには律令国家「日本」を作ったといえる。これは、間違いない。ただし、それを発展と見るかどうかは、ものの見方による。「史観」の問題だ。以上が、本書の立場だ。

つまり、幸か不幸かは別として、稲作の技術者を受け入れ、稲作を選んだということは、大きな選択だったと思われる。大規模農耕が、ほんとうに人間に幸福をもたらしたのか、また別の選択の可能性はなかったのか。稲と鉄の日本史の呪縛から逃れようとする知の潮流は、一九七〇年代の日本の歴史学や民俗学にも、大きな影響をもたらした。

中世史家、網野善彦（1928―2004）は、多様な日本を前提に歴史を再考しようとしたし、民俗学者の坪井洋文（1929―1988）は、芋から日本文化を問い直そうとした。また、同じく民俗学者の野本寛一（1937―）は、焼畑と雑穀から、日本文化を再考したのであった。

私は、野本の指導の下で民俗調査もしたし、坪井の授業を大学一年生の時から九年間受け続けた。坪井は大酒飲みで、休講も多かったが、その講義は、私の心を捉えて離さなかった。

坪井は、芋や雑穀などを基盤とする多様な農耕社会から、稲が特別な地位を占める社会が成立したのだ、と説いた。しかし、現実には、稲作中心の社会が成立しても、大多数の日本人は、米を日常的に食べることはできなかった。ために、米に対する憧れが強かったのだ、と説いたのである。

だから、棚田は山へ山へと延び、稲作は北へ北へと広がったのだ、と坪井は力説していた。米の生産拡大が都市を支え、王権を支え、国を作ったので、王権や国は稲作

写真は1982年、垂柳遺跡の発見時。656面の水田が発見された。菜畑（佐賀県唐津市）からスタートした弥生稲作は、現在の青森県津軽地方にまで伝播した。弥生稲作の最北端は、同遺跡の20㎞北にある砂沢遺跡（弘前市）。写真提供／田舎館村

を勧めたのだ、というのが、網野や坪井の主張だ。

考えてみると、穀物に対して、芋は低い地位にある食物である。一流に対する二流、都市に対する田舎のイメージが常につきまとう。「侍」と「イモ侍」、「ねえちゃん」と「イモねえちゃん」という言葉を想起したら、わかるだろう。

食物にもカーストがある

では、穀物ではどうだろうか。穀物は、日本では「稲」とそれ以外に分類される。稲以外は、すべて「雑」なのである。これは、稲以外の穀物の地位が、著しく低いことを表している。かつて、池田勇人《はやと》（1899―1965）という首相にまでなった有力な政治家が、大蔵大臣時代に、「貧乏人は麦を食え」と言ったと報道されて、窮地に立ったことがあった。

これは、日本国民全員が白米を食べられる社会を目指すべきだという国民感情を逆撫でしたからである。しかし、「歴史」というものは皮肉なものである。池田は、後に首相となり、所得倍増計画を推進して、高度経済成長路線の先鞭《せんべん》をつける政治家となる。日本国民が白米を食べられるようになったのは、この高度経済成長のお蔭である。

ちなみに、私の家では、正月や祝い事などの特別な日を除いて、日常は米麦半々の飯を食べていた。少なくとも、一九七〇年代前半までは、そうだった。白米だけのご飯は、「銀シャリ」といっていた。親しい友人から「お前、最近テレビにも出ているから、儲《もう》かってるだろう」などと揶揄《やゆ》されると、私は、こんな風に言い返している。「お蔭さまで、十日に一度は、白いご飯が食べられるところまで来ました。だから、まだまだだ。今日の飯代はお前がおごれよ！」と。

水田は国家が管理するもの

じつは、こういった稲を中心とする食物のカーストは、『日本書紀』の神話によっても確認できる。その神代上〔第五段一書の第十一〕には、天熊人《あまのくまひと》が保食神《うけもちのかみ》の死体から食物の種を持ち帰る話が記されている。食物の種を天熊人が持ち帰ったことに、天照大神が大いに喜んだことはいうまでもない。

そこで、天照大神は、持ち帰った種のうち「粟、稗、麦、豆」は「陸田種子《はたけつもののたね》」とし、「稲」を「水田種子《たなつもののたね》」と定めたというのである。

注意しなくてはならないのは、陸稲もあるのに、水田稲作のみが、天照大神によって特別扱いされていることである。その水田稲作のために、「天邑君《あまのむらきみ》」といういわば村主が定められ、「天狭田《あまのさだ》」と「天長田《あめのながた》」に稲種が蒔かれた、というのである。「邑君」とは、村君で、君は尊称であり、朝廷からもらう役職である。この神話では、水田耕作の稲は、天照大神が定めた村主が管理して育てるものとされているのである。「天狭田」「天長田」のように「天の」と冠せられているのは、水田が「天」＝「天照大神」＝「朝廷」のものであるということを表している。「狭田」と「長田」の解釈は難しいが、狭い小さな田んぼでも、広く大きな田んぼでも、ということだろう。この二つを述べることで、田の大小を問わずということを表現しているに違いない。

保食神の死体から天熊人が持ち帰った種のうち、稲種だけを「天狭田」「天長田」に植えたところ、秋には豊かに稔り、その穂は垂れるほどまでになり、垂れた穂は手で八掴《やつか》みできるほどに長くなったという。そして、その光景は「甚快《はなはだこころよ》し」と書かれている。もう一つ、天照大神が奨励したものは、養蚕であるのだが、とにかく稲の水田耕作が奨励されていたことが、この神話からわかる。

同じ食べ物でも、他の雑穀や豆と扱いがまったく違うのは、国家が水田で育てられる稲と、その収穫物である米によって成り立っているとの観念があったからである。

米と魚を選んだ日本人

日本列島に生きた人びとは、猪《いのしし》、鹿、そのほか野鳥も食べていたが、主としてタンパク質は魚でまかなっていた。では、糖質はどのように摂取していたかというと、縄文前期までは、堅実類すなわちドングリ、縄文後期からは雑穀も食べていた。そして、弥生時代から米の比重が上がってゆくことになったのである。

つまり、日本列島に生きた人びとは、徐々に米と魚中心の食文化を作っていったといってもよいだろう。今日、和食といった場合、何といっても主役は、米と魚である。もちろん、木の実、豆、野菜といった名脇役たちが、主役を支えているのも忘れてはならないけれど。

ところで、この米と魚という選択は、さまざまな歴史的経緯のなかで選ばれたものであって、別の可能性がなかったわけではない。中国北部の食文化に学び、小麦と豚肉という選択肢もあったはずである。また、インドのように、小麦とミルク、米とミルクという選択肢もなかったわけではない。実際には、日本における小麦文化も、独自の発展を遂げている。いわゆるコナモン文化である。饂飩《うどん》や素麵《そうめん》、お好み焼きなど。

また、奈良時代から平安時代の人びとは、乳製品、生乳はもとより、チーズにあたるものを食べていたことは、さまざまな文献によって確認できる。

が、しかし。最終的には、米と魚が選ばれたのである。なぜ、この選択だったのか。これは難しい問題だ。容易に結論を見出すことはできないが、大規模稲作の技術が、長江下流域で確立し、それを朝鮮半島の人びとも導入して成功していたから、その影響によって稲作を選んだのであろう。魚が選ばれたのは、海に面し、河川の多い日本列島では、牧畜よりも、魚の捕獲の方が有利だったからかもしれない。ちなみに、邪馬台国で有名な『魏志《ぎし》』の「東夷伝《とういでん》」倭人条《わじんじょう》を読むと、倭人が海産物を獲ることにおいて高い技術を有していたことが記されている。

●中国

●インド

和食の原形

単純化すると、米と魚を大豆発酵食品の味噌と醬油で食べるのが、和食の基本型といってよいだろう。ただし、それは、選択の結果なのであって、あくまで米と魚を選び、食文化を発展させた結果であることを忘れてはならない。

なぜならば、実際の生活は、そこまで単純化することはできないからである。地域によっては、肉も食べ、雑穀も食べ、それぞれがそれぞれで、多様だったのである。むしろ、多様性があったからこそ、米と魚への志向性も強いのだと考えておいた方がよい（たとえばお祝いには鯛と赤飯）。

一方、多様性が残っていたからこそ、近代以降、すんなりと肉食を受け入れることができたのである。私の見るところ、日本ほど、世界中の料理が食べられる国はない。東京のレストランは、ニューヨークやパリより、多様だ。日本は、まるで毎日、世界の食の博覧会をしているような国だ。

ちなみに、日本文化の基層に、縄文の森の文化があることをつきとめ、日本の食文化の多様性を指摘した研究者、中尾佐助（１９１６—１９９３）、佐々木高明《こうめい》（１９２９—２０１３）たちは、戦時中の飢えを体験し、森で椎《しい》の実などのドングリを拾って、空腹を満たした人たちばかりだ。

彼らは、日本高度経済成長期に、まだまだ貧しかったころのアジアの山村を歩き回って、森の食文化の多様性を追究した。そこから生まれたのが、照葉樹林文化論である。

照葉樹林文化とは、ブナ、ナラなどの照り輝く葉を持つ樹木の木の実を食べる人びとの文化である。彼らの眼には、アジアの森と日本の森の文化の共通項が、よく見えたのであろう。

水田稲作の妨害は国家反逆罪にあたる

古代社会では、日常生活で犯してはならない罪を二つに分類していた。一つは、「天《あま》つ罪《つみ》」。これは、国家や朝廷さらには、国家や朝廷の政を妨害する行為である。もう一つは、「国《くに》つ罪《つみ》」で、それぞれの地域社会において守る必要のある掟を破ることである。

この「天つ罪」を、『古事記』や『日本書紀』のなかから拾い出してみると、それは、農業に対する妨害行為、祭祀《さいし》の場を穢《けが》すなどの祭祀の妨害行為、定められた掟《おきて》に従わない動物の殺害などであることがわかる。このうち、農業に対する「天つ罪」は、すべて水田稲作への妨害行為なのである。勝手に畔を壊して水田の水を流す「畔放《あはなち》」。勝手に水田の水路を埋める「溝埋《みぞうめ》」。水田に水を流す樋《とい》を壊す「樋放《ひはなち》」などである。これらは、水田の水の管理をできなくする水田稲作妨害行為である。

水田稲作は、大規模な土木工事を伴うものであり、土木工事を通して生産を上げてゆくシステムである。したがって、「水田」の施設を壊す行為は、国に対する反逆と見なされたのである。

つまり、「天つ罪」となるのは、水田稲作に大打撃を与える行為だけで、畑作に関する妨害行為は、「天つ罪」にはならないのである。それは、水田稲作だけが、国家の管理下にあったからであろう。

ちなみに、『古事記』や『日本書紀』に池を作った、という記事が多いのは、池を作り水田を増すことが、国家プロジェクトだったからである。

日本の焼畑文化

では、なぜ水田稲作だけが特別なのか。それは、特定の土地に、ため池などの灌漑《かんがい》施設を作り、水を引いて毎年稲作をするからである。つまり、水路を作り、管理する技術がないと、稲作はできないのだ。そのために、水田稲作従事者は、定住して、常

池造りは国家の大事業だった。

読み下し文

『日本書紀』崇神天皇六十二年七月条

六十二年の秋七月の乙卯《いつぼう》の朔《つきたち》にして丙辰《へいしん》に、詔《みことのり》して曰《のたま》はく、「農《なりはひ》は天下《あめのした》の大本《おほきなるもと》なり。民《おほみたから》の恃《たの》みて生《い》く所なり。今し河内の狭山の埴田《はにた》水少し。是を以ちて、其の国の百姓《おほみたから》、農《なりはひ》の事《わざ》に怠る。其れ多《さは》に池・溝《うなて》を開《ほ》りて、民の業《なりはひ》を寛《ひろ》めよ」とのたまふ。

冬十月に、依網池《よさみのいけ》を造る。

十一月に、苅坂池《かりさかのいけ》・反折池《さかをりのいけ》を作る。〔一《ある》に云はく、天皇《すめらみこと》、桑間宮《くはまのみや》に居《ま》しまして、是の三池《みつのいけ》を造りたまふといふ。〕

訳文

（崇神天皇）六十二年秋七月の乙卯《いつぼう》朔《つきたち》の丙辰《へいしん》（二日）に、詔して曰く、「農は国家の大きな基《もとい》である。民が生きてゆく拠りどころである。今、河内の狭山の埴田には水が少ない。そのためその国の百姓は農事を怠っている。そこで灌漑《かんがい》用の池・溝をたくさん掘って、民の業《なりわい》を広めさせよ」と仰せられた。

冬十月に、依網池《よさみのいけ》を造った。十一月に、苅坂池《かりさかのいけ》・反折池《さかおりのいけ》を造った〔一説に、天皇は桑間宮におられて、この三つの池を造られたという。〕

読み下し文、訳文ともに『新編日本古典文学全集　日本書紀①』（小学館）より引用

狭山池は、『古事記』『日本書紀』にも記録される日本最古のため池だ。灌漑が国家の大事業だった悠久の歴史を偲ぶことができる。大阪府立狭山池博物館に考古学的な出土品が展示されている（狭山市提供）。

に水田を管理することになるのである。したがって、水田が広がる風景が、そこに存在しているということは、即その水田の管理者が、日々、水田を管理しているということを意味する。

では、水田の管理技術のうちで、肝要なものは何か。それは、水の管理調節技術なのである。いつ、どのくらい田に水を入れるか。いつ、田から水を抜くか。しかも、水は低きに流れるものなので、田と田の間に段差がなくてはならない。水位と時間を、常に管理しているのだ。

欲しい時に、欲しい分だけ田に水を入れるために、ほぼ一年中、用水のメンテナンスをしているというのが、水田稲作といってよいだろう。したがって、水田稲作の場合、稲作従事者と水田との関係は不離一体の関係となってくる。

奈良県では、水争いは血を見るということをよくいう。また、水利権を持つ水利組合の権利関係も複雑である。

では、水田に対して焼畑農耕の場合は、どうなのだろうか。私が大学院生だった三、四十年前には、まだ焼畑の体験者から話を聞くことができた。静岡県史の臨時調査員として、静岡市井川地区の聞き取り調査をしたことがあるが、戦中、戦後の食糧難の時代に、キリハタとか、ヤマバタと呼ばれた焼畑をしたことがある人もまだいた。

井川地区の焼畑農業は 2012 年に約 50 年ぶりに復活し、
伝統農法を今に伝えている（写真提供／静岡市）

焼畑は借地農業である

奥山に入って、程よい傾斜を見つけ出し、下から火を入れて、森を焼き、その灰を肥料として作物を栽培するのである。これが、焼畑だ。

一年目と二年目には、粟や稗などの雑穀を作り、三年目以降に蕎麦《そば》、そして最後に大豆、小豆などの豆類を作って、耕作地を放棄するのである。年ごとに作物が変わるのは、肥料を入れないので、地力が下がるからである。蕎麦と豆なら、地力がなくても、そこそこ育つから、三年目以降に作るのである。

三年から五年で、一旦土地を放棄するのであるが、二十年もすればまた草木が生えて、その土地で焼畑を営むことができるようになる。もちろん、面積あたりの収量も、村のなかの畑に比べると低いし、収穫物の運搬も大変で、その苦労話を何度も聞いた記憶がある。しかも、収穫直前に、猪や鹿に食い荒らされることもしばしばだったそうだ。

井川地区で、焼畑を経験した人びとは、地区のなかに、水田も畑も持っていた。なのに、なぜ、焼畑をしたのか、私は聞いてみたくなった。意を決して聞いてみると、こんな答えが返ってきた。それは、「米を食う量を減らしたいから」というものであった。子供が生まれると、何かと物入りだ。子だくさんなら、なおさらのことである。米なら高い値で売れるので、なるべくのことならお金にしたい、ということである。

一方、こんな話も聞いた。「焼畑はしょせん、捨て作りなので、あてにしすぎてはいかん」という話だ。つまり、収量の増減の幅が大きいから、あくまで副業にしかならないというのである。

そこで私は、今度は、副業の焼畑の魅力について聞いてみた。その答えも、じつに興味深いものだった。「捨て作りなら、山を開いて焼いて、種蒔くだけだから、肥料も入れなければ、手間もかけない。土地は、借り放題のタダ」だというのだ。

もちろん、山林の地主はいたかもしれないが、杉や檜《ひのき》の植林をしていなければ、焼畑をしても、怒られなかったというのである。もし、何か言われたら、一升瓶持ってお詫びすれば、許してもらえたというのである。そして、多くの場合、誰の土地か、誰が地主かも知らなかったもんさ、と話してくれた。

つまり、焼畑農耕というのは、土地を借りる農業なのである。大切なことは、火入れの時に山火事を起こさないことと、その土地の選定だけだというのである。では、なぜ借りることができるのだろうか。それは、その土地を永久所有しないからである。だから、ある程度までなら、許してもらえたのである。

万葉びとの焼畑

ここで、話はまた、八世紀に飛ぶ。とある宴で、佐伯赤麻呂という男が、宴に侍《はべ》っていた娘にちょっかいを出した。歌の内容は、こんなものだ。先に、釈義を示しておく。

「粟を蒔く」といえば、「逢はまく」すなわちお前さんにこれから逢ってデートしたいもんだが、春日の野辺には、神様をお祭りする「おやしろ」があるだろ。だから、粟の種を蒔けないいんだよ（逢えない）。お前さんには、すでによい男がいて、今から俺さまが口説いたところでダメだろうね。お前さんの恋人である神の「やしろ」さえなけりゃ、男がいなけりゃ、俺はお前を口説くんだがね。残念、無念――。

書き下し文を示すと、

ちはやぶる　神《かみ》の社《やしろ》し　なかりせば　春日《かすが》の野辺《のへ》に　粟蒔《あはま》かましを

（巻三の四〇四）

となる。ここでいう「神の社」とは、いろいろに解釈できるが、神殿と見てよいだろう。ないしは、季節の祭りごとに、神を祭る祭壇が置かれる場所のことである。男は、お前さんを口説きたいのはやまやまだけれど、お前さんには恋人がいるからね、というのである。それを、春日の野辺と同じで神殿があるから、焼畑にして粟の種を蒔けないという喩《たと》えで、笑わせ歌にしたのである。つまり、焼畑なら、その土地の状況が許せば、種を蒔けたのである（なお、この歌のオチは48頁に示しておいた）。

やはり、焼畑は、土地を所有せず、借りることによる農耕なのである。大切なのは、種を蒔く場所を探したり、選んだりすることなのである。大切な種を蒔く小田を求めて、歩き回った人物の歌が、『万葉集』にある。

湯種《ゆだね》蒔《ま》く　あらきの小田《をだ》を　求《もと》めむと　足結《あゆひ》出《い》で濡《ぬ》れぬ　この川《かは》の瀬《せ》に
（巻七の一一一〇）

川の瀬を上りつつ土地を探していると、「足結」＝「袴《はかま》の下のあたりを結ぶひも」も濡れてしまった、というのである。「あらきの小田」とは、新たに切り拓いた小さな田のことで、地方によっては、かつては焼畑を「アラキダ」と呼んでいたし、焼畑一年目の耕作地を「アラク」と呼ぶところもある（野本寛一『焼畑民俗文化論』雄山閣、１９８４年）。

神と人とが土地をめぐって争う

焼畑では、土地は借りるものなのである。四年、五年したら、返すものである。ところが、水田耕作では、その土地を何世代にも渡って占有することになる。すると、私有の観念が生まれるわけであるが、こうなると、土地の所有を争うことになる。

人と人とも土地の所有を争うのだが、神とも土地の所有を争うことがある。『常陸《ひたち》国風土記』行方《なめかた》の郡の条に、こんな話がある。夜刀《やと》の神という神の話だ。『風土記』では、これを継体《けいたい》天皇の時代の話としているが、八世紀に伝承されていた話だろう。ところが、箭括《やはず》の氏の麻多智《またち》という人物は、とある谷を開墾して天皇に献上した。ところが、開墾した土地に夜刀の神がやって来て、耕作を妨害する。夜刀の神は、恐い神で、蛇体で角があり、見ると一族が滅ぼされる神であった。そこで麻多智は、鎧《よろい》を着けて、夜刀の神を打ちのめし、境の地に堀を作って、夜刀の神にこう言い放ったのであった。

ここより上の土地は、夜刀の神の地として、この地に生きることは許そう。しかし、ここから下の土地については、人間が田を作る土地とする。今より後は、私自身が神主となって、永代に敬って、祀《まつ》ってやる。だから、願わくは、祟《たた》らないでほしい、恨まないでほしい。

こうして、麻多智は、社を作って、夜刀の神をお祀りし、代々その祭り事を継承して、今に続いているというのである。祟る神を祀ることによって封じ込めるのである。つまり、神の支配する領域と、人の支配する領域ということが区別されて存在し、いったんその領域が決定されたら、神の領域は、侵してはならないのである。こういった前提があるので、神の社があれば、そこで耕作することはできないのである。

「ヤト」(夜刀)は、現在でも関東方言で使われる「ヤツ」のことで、谷や低湿地帯を示す言葉である。つまり、谷の王は、水の神である蛇なのだ。それは、水田農耕に適した土地を示す言葉でもあった。

対して、焼畑は土地を借りる農業であるから、本来ならば土地を借りて粟を撒くこともできるはずなのだが、すでに神の領域と定められている土地については、借りることが許されないのである。そういった前提を踏まえれば、春日の野辺の歌の主旨はよくわかると思う(45頁、巻三の四〇四)。つまり、

土地を借りて粟(アハ)が蒔けない → 逢(アハ)ない

というのである。これが、この歌のオチなのだ。

焼畑農耕と狩猟

では、焼畑農業の一番の敵は何か。それは、猪と鹿である。つまり、人間が刈り取りたい、と思うその時は、猪や鹿も食べたいと思うその時なのである。そこで、焼畑は捨て作りとはいうものの、刈り入れの直前だけは、出作り小屋という小屋を建てて泊まり込みをして、獣を見張ることをしていた。その折に、やって来た猪や鹿を鉄砲で仕留めることもあったのである。

じつは、『万葉集』においては、この獣の見張り小屋のことを「カリホ」「カヒヤ」とか、「タブセ」という。私は、秋の「カリホ」での獣の待ち伏せと猟が、若い娘を狙う男たちを見る母親の喩えとなっていることに注目して論文を書いたこともある（上野誠『万葉文化論』ミネルヴァ書房、２０１８年）。たとえば、こんな歌だ。

魂会《たまあ》へば　相寝《あひぬ》るものを　小山田《をやまだ》の　鹿猪田守《ししだも》るごと　母《はは》し守《も》らすも〈一に云ふ、「母が守らしし」〉

（巻十二の三〇〇〇）

訳文

私のタマと貴男のタマとが会ったなら――フィーリングが合ったなら――　共寝もしてしまうものなのに……　害を働く鹿や猪が出やすい稲刈り前の山の小さな田圃《たんぼ》を見張るように、お母さんは私のことを見張っているのよ〈見張っていたのよ〉

飛ばない種子が大規模農耕を可能にした

さらに、つい最近、こんなことを知った。あたりまえのことだが、稲も麦も、私たちが食べるのは植物の種子である。種子の役割というものは、風や動物によって、できるだけ遠くに運ばれて、着地して発芽するというところにある。だから、稔ったらできるだけ速やかに、飛散した方がよいのである。飛散しないと、人間も含めた動物に食べられてしまうからである。

ところが、人間は、いわば特異体質の飛散しないタイプの麦や稲の種子を集めて交配し、穂離れの悪い種子ばかりを栽培しはじめたのである。突然変異でたまたまできた、種子が飛散しないタイプばかりを栽培したのである。確かに、収穫前に籾が散ってしまっては、栽培する意味もない。佐藤洋一郎によると、それは、野生種の麦や稲と人間との長い長いつきあいのなかから、人為的に選択された結果だというのである（佐藤洋一郎『食の人類史―ユーラシアの狩猟・採集、農耕、遊牧―』中央公論新社、２０１６年）。

飛散しない麦や稲、雑穀類の栽培がなくては、大規模農耕は、けっして起こらなかったのである。

飛散しない種子のついた穂を収穫したい人間。また人間と同じくそれを狙う猪と鹿たち。そして、収穫前の畑にやって来る獣を射て食べようとする人間、そして、その喩えで愛娘に付く悪い男たちを見張る母親を歌った万葉歌。知識というものは繋がって繋がって輪になってゆくものなのだ。

人間と動植物との長いつきあい

現生人類は、生きてゆくために、いや食べるために、ずっとずっと、植物、動物とつきあってきた。野生からの採集か、それとも栽培、家畜化か。しかし、現実は、それほど単純ではないようだ。

たとえば、焼畑の場合、耕地は所有せず、人が移動する。灌漑設備も作らないし、肥料も森林を焼いた灰のみ。だから、自然からの採集に近いところがある。

つまり、自然採集と「原農耕」、さらには大規模農耕との間には、さまざまな段階があり、人間は置かれた環境に応じて、動物や植物とのつきあい方を探っていた（いる）、と考えた方がよいだろう。

言語は、人の生活のなかにあるものなので、その生活の歴史を留めることもある。動植物との長いつきあいが、言語に刻まれている場合もあるのだ。眼・鼻・歯という身体の部位の呼び方を見てみよう。

動物→メ（眼）→ハナ（鼻）→ハ（歯）

植物→メ（芽）→ハナ（花）→ハ（葉）

と対応する。おそらく、「メ」は事物を捉えるものだから、芽が出てはじめて種子が生きていたということがわかるので、同じ「メ」として認識されるのであろう。「ハナ」は、飛び出たものをいうが、鼻も花も飛び出たもので、それは一つの先触れと考えられたのであろう。歯と葉の関係はうまく説明できないが、同じものと認識されていたことは間違いない。

ホ・ホホ・ボボ

また、「ホ」は、膨らんだり、色づく性質のある場所を示す言葉であろうが、顔でいえば頬にあたるし、植物でいえば穂にあたる。また、人間の性器も同じ性質を持っている。したがって、「ほと」という言葉は、男性器、女性器に共通して用いる（勃起というものは、女性器にもある）。

私は、「ぼぼ」という言葉を人前で発することができない。というのは、北部九州で性器と性交を示す言葉だからだ。私は、福岡県で育ったからダメなのだ。これはおそらく、「ほ」という単音節を重ねた表現で、「ほほ」と同じだが、濁音化して性器と性交を表わす専用の言葉になった結果であると思われる。

書いてよいかどうか迷うが、かつて、プロレスラーの一人に「ボボ・ブラジル」という人がいて、小学校の女の先生がこのプロレスラーの名を囃《はや》し立てる悪ガキたちの悪態を制止するのに苦労していた記憶が、私にはある。もう五十年も前のことだが――。

『古事記』では、イザナミノミコト（女性神）の性器を「ミホト」と表記しているところがある。ミは尊いものを表す接頭語、「ト」は場所を示す接尾語である。

この部分の解説をする時は、プロレスラー、ブラジルの話をするのだが、先日、卒業二十年を記念する同窓会に招待された折に、この話で持ちきりになったのには閉口した。それだけならよい。悲しいことに、それ以外の授業内容については、ほとんど忘却せられていることにも同じく閉口した。そして、教育の虚しさを痛感させられた。

「眼鼻がつく」とはどういうことか

人体の部位に対する呼称と、植物の部位に対する呼称が一致しているということは、植物の部位をそういう眼で認識しているからである。これは、事物に対する人間の認知法の一端を示している。言語というものは、事物を認知して抽象化するものなので、眼といえば、A君の眼もB君の眼も認知できる。また、動物の眼も認知できる。つまり、別の個体、別の種についても同じように認知し、植物についても「メ」として認知してゆくのである。

ここに、それぞれまったく違うデザインの湯のみを十個、コップを十個用意するとしよう。そして、ばらばらに置いて、湯のみとコップを分けてもらう。それでも日本文化圏で育った人なら、湯のみとコップとを間違わないはずだ。

そして、眼・鼻・口などの大きさや位置から人は、人物の顔を認証する。植物の認証も、芽・花・葉などで認証するのである。さらには、人工物についても同じ認知法を取る。たぶん、多くの人は、自動車のヘッドライトを眼と認知し、両ヘッドライトの中間点を鼻として認知しているだろう。つまり、私たちは、車種を人の顔として認知しているのである。実際に、車のデザイナーたちは、これを捉えて車の「顔つき」といっている。

「眼鼻がつく」という慣用句があるが、これはものごとの見通しがつくようになったことを示す慣用句である。絵で顔を描く時に、眼と鼻が描ければ、仕上がりがイメージできるからだ。かき氷を作ったとしよう。干しブドウが三つあれば、かき氷にも、顔ができるのである。植物に話を戻せば、メ（芽）が出て、ハナ（花）が咲けば、ホ

（穂）も稔るだろう。

植物とともに生きてきた歴史、動物とともに生きてきた歴史、人とともに生きて来た歴史、自動車とともに生きてきた歴史ということがあるからこそ、同じ認知法が適用され、同じ語で各部位が表現されているのである。言葉は、生活そのものなのだ。

さらには、言葉は想像力の産物でもあるから、誰も出会ったこともない宇宙人のことだって想像できる。多くの場合、人間の想像力から生み出された宇宙人たちにも、眼と鼻があるようだ。

第二章

交易の知恵

縄文時代の黒曜石の「移動」が教える交易の実態

本書の影の主人公ともいうべき祖母・上野キクノ。隣は、祖父・縁助。アルバムの他の写真から1960年代の東京見物の折りの写真と推定される。だとすれば、ともに60歳代か。二人ともおしゃれなこと—。

大きな歴史と小さな歴史

第一章を読んだ読者の感想は、おおよそ二つに分かれていると思う。この本の記述は、数万年前のことをあつかっているのか、縄文時代のことをあつかっているのか、はたまた現代のことをあつかっているのか、よくわからない。時間軸のない話にうんざりだ、という気持ちで読んでいる人も多いはずだ。

もう一方の読者は、自分は旧石器人でもあるし、新石器人でもある。さらには縄文人でも、弥生人でもあるし、現代人でもあるのだ、と得心、感心してくれたのではなかろうか。前者の読者には申し訳ないが、この本の説く「歴史」とは、堆積し、体や思考法に内包されてゆく「知恵」のことなので、最後まで、どうかつきあってほしい、と思う。

ここから私は、しばらく祖母、上野キクノ（1900―1983）の話をしようと思う。偉人でも、悪人でもなく、ごく普通の人生を歩んだひとりの庶民だ。彼女は尋常小学校から高等小学校に学び、十四歳で学校教育を終えた人物である。ちなみに、上野家で高等教育を受けるようになったのは、父母の時代からだ。

現在の福岡県朝倉市郊外の、比較的裕福な農家に生まれて、十四歳から二十歳までは、裁縫、茶道、華道や書を学んで、二十歳で祖父の縁助《えんすけ》（1895―1973）と結婚している。この期間はいわば当時でいう花嫁修業をしていたことになる。

もちろん、子供時分から嫁に出るまで、農作業の手伝いもしていた。嫁いだ上野家は、過去帳の記載が正しければの話だが、一応江戸中期まで辿《たど》れる「小商人」である（ただし、過去帳は男系で辿る「家」の連続を示すもので、私には無数の祖先が当然いる、26頁）。

したがって、彼女は、その後、商家の嫁として、さらには女将《おかみ》として生きてゆくことになる。

ところが、生業としていた衣料商は、一九六〇年代には経営が悪化し、夫の縁助が死去して、自主廃業とあいなったのである。自主廃業によって、キクノは不動産資産を売却して、父、母、私の三人と同居することになったのであった。このころ、私の姉と兄はすでに独立して、別居していた。私が中学二年生のころだ。

上野家の紫蘇とミョウガ

「キクノおばあちゃん」は、福岡市南区のわが家にやって来ると、すぐに庭いじりをはじめた。父も母も庭いじりの趣味がなかったので、荒れ放題だった庭の雑草を、少しずつ除きはじめたのである。その上で、十坪ほどの庭を半分にして、庭の半分には花を植え、鉢植えを置いた。

では、半分はどうしたかというと、畑にしたのである。といっても、ちょっとした土盛りを作り、そこに豆類と青紫蘇《あおじそ》、そしてミョウガを植えるだけであった。五坪のうち半分は、豆かサトイモ、半分は紫蘇とミョウガの家庭菜園だ。それらの種苗類は、田舎の親戚が持ってきてくれたように思う。

豆やサトイモには、油かすなどの肥料をやったと思うが、紫蘇とミョウガには肥料をやっていなかったように思う。肥料といえば、それが肥料になるかどうかわからないが、朝夕の米のとぎ汁をかけていた。さらには、出がらしのお茶の葉を冷まして撒いていた。加えて、卵の殻も、潰して撒いていた。あとは、雑草を除去するだけだったと思う。

では、なぜ、紫蘇とミョウガか、というと夏の素麺《そうめん》の薬味にするからである。福岡は、長崎の島原や、佐賀の神崎などの素麵、冷や麦の産地に近く、当時のわが家では中元の贈答品の三分の一は、素麵だったような気がする。たしかに、採れたての紫蘇やミョウガの風味は、格別であった。

祖母の庭作りは、万事がケチケチ主義で、花は仏壇に供え、ちょっとした野菜もおかずにして、買わずに済むようにするためのものであった。家庭菜園をした人ならわかると思うが、一坪も紫蘇とミョウガを作れば、ひと夏は八百屋さんで買わずに済む。いや、八月になると余ってしまうほどになる。

上野家の縄文農耕

ここまで読んだ読者は、もう私のいわんとするところは察しがついたのではないか。これこそが、タッジのいう「原農耕」であり、縄文農耕であると、私はいいたいのである（7〜8頁）。

祖母は、自分がこの場所に住むと決まると、自分と家族のために、好ましくない植物を除き、好ましい植物を植えたのである。馬鹿馬鹿しいことだが、祖母の庭作りの思想を整理してみよう。

①　自分が庭作りを楽しみたい。
②　貰いものの素麺を美味《おい》しく食べたい。
③　仏さまに供える花やおかずの野菜を買わずに、お金を節約したい。

この三点に集約できる、と思う。この思想（？）に基づき、十坪の庭の半分で花を育て、その半分で野菜を育てたのである。菜園のうち、紫蘇とミョウガをたくさん作ったのは、夏にもらう素麵のことを考えてのことであろう。しばらくして、これに椎《しい》茸《たけ》の榾木《ほだぎ》が加わったが、こちらは小屋とブロック塀の間の溝の上に置かれた。日陰で湿った場所だったからだ。だから、私は採れたての椎茸の味も知っている。

置かれた環境のなかで、目的に合わせて植物を選んで植える。ただ、それだけのことである。縄文農耕では、紫蘇の栽培が確認されているとのことであるが、祖母も紫蘇を選んだのであった。

さて、その祖母は、花を育てるところを「ニワ」と呼び、野菜を育てるところを「センゼー」と呼んでいた。そして、「センゼー」で育てた作物のことを「センゼーモン（物）」と呼んでいた。

は て、「センゼー」とは、いったい何だろう。

平安時代の古典語を方言で伝えていた祖母

大学院生のころ、千葉県の袖ケ浦市の民俗調査をしたことがある。私は、市史の調査員として、倉石あつ子（１９４５―、元・跡見学園女子大教授）の下で働いていたのだが、調査報告作成のためのミーティングで、庭先で作られる作物のことが話題になったことがあった。

その折、私が、「祖母は、センゼーと呼んでましたかね」と口を滑らせると、倉石は、あっ、と言って、「センゼーは、平安時代の『前栽』のことですよ。まったく……」と笑われてしまった。

というのは、私は大学院生であったが、非常勤の講師として國學院久我山高校で古典を教えていたからである。しかも、倉石家の長女も、そのクラスで学んでいた。

「前栽」は、一般的には「せんざい」と読むことになっていて、平安時代において、庭ないし庭の植え込みを示す言葉である（古文の常識だ）。奈良時代では、これを「ヤド」と呼んでいた。「ヤ」は建物のことで、「ド」は「ト」と同じで、場所を表す接尾語だ。つまり、建物のあるところ、その建物の前の小さな空間を示す言葉である。それを、万葉びとは漢字で書き表す場合「屋外」「屋前」「屋庭」と書き表している。そして、この「ヤド」には、建物の居住者が好きな植物を植えることが許されていたのである。

前栽文化のみやびとひなび

平安時代の文学では、庭は一つのみやびの象徴で、主人の教養や趣味を表す傾向が強かったので、植物と石とを配したみやびの「ヤド」が次々に生まれたのである。それは、たびたび物語文学の舞台にもなっている（飯沼清子「〈鳴く虫〉・〈前栽掘り〉の興—平安物語研究のために—」『國學院雑誌』第百二十巻第五号所収、國學院大學、２０１９年）。つまり、『万葉集』に登場する「ヤド」と、平安物語文学に登場する「前栽」は同じものなのである。

じつは、柳田國男（１８７５—１９６２）らの民俗学者たちは、「前栽」という語が化石化して「センゼー」などと伝えられ、庭先に設けられる菜園を指す名称になっていることに、早くから気づいていたのであった。

だから、駆け出しとはいえ、すでに古典の教師として教壇に立っていたのに、そんなことも知らないのか、という意味を込めて「まったく」と笑われてしまったのである。まずもって、お恥ずかしい限りである。

この庭先で作られる作物が、どのように食されるのか、ということを詳細に調査したのが、古家晴美であった（古家晴美「そ菜園考—主婦の食物管理について—」『日本民俗学』第百九十三号所収、日本民俗学会、1993年）。古家は、さらに調査した畑の十年後の状況も調べている。古家が調査したのは、長野県東部の北佐久郡立科《たてしな》町の農家で、庭の畑といっても、規模も大きい。作物も豊富だ。けれども、だからといって、その畑の作物で生計が立つわけではない。その点は、一九七〇年代の上野きくのの「センゼー」と同じだ。

私たちは古典語で暮らしている

高校で古典を教える場合、現在に伝わっていない言葉と言葉の使い方を中心に教える。覚えているだろうか。

形容詞「いみじ」（タイソウ）、「かたはらいたし」（ニガニガシイ）、「つきづきし」（似ツカワシイ）など。

また、意味内容が変化している場合、「ありがたし」（珍シイ）、名詞「あした」（早朝）などなど。

言葉の使い方なら、係り結びや、「え〜ず（ぬ）」（不可能）などである。

この教え方は、一見合理的な教え方である。つまり、学ぶ生徒の側は、現代語と異なる部分に注意するようになって、早く正しい解釈をできるようになるからだ。

受験の時には「重要古典単語百選」とか、「重要古典文法五十選」などといって、マル暗記させることになる。たしかに、受験には早道である。けれど、そう教えてしまうと、古典は遠いものになってしまうような気がする。

じつは、助動詞は時代による変化が大きいが、助詞「が」「の」「を」「に」「へ」「と」「から」「より」は、ほとんど変化していない。つまり、生まれて使われなくなって死んでゆく言葉や、生まれて稀《まれ》にしか見られなくなる化石化してゆく言葉も多いのだが、案外千年を経て生き残っている言葉も多いのである。

関西の人なら、「こんな値段の服、高くて買うことができない」というところを、

こんな値段の服、高くて、よう買わん。

と表現することがある。これは、高校では、「陳述の副詞」とか「呼応の副詞」として習う言葉の使い方である。じつは、これを擬古典文にすると、

このごとき値段の服、高きにつきて、え買はず。

となる。仮名「え」を、それぞれの時代にどう発音していたかは、確定し難いが、「ヨウ」と発音した時代や地域もあって、「よう買わん」は「え買はぬ（ず）」と考えてよいのである。

現状をほめる言葉「めでたし」が、祝福を意味するようになったり、存在が難しい

ことを表す「ありがたし」が感謝の言葉になったりもする。あなたは、多くの人がなかなかできないことをしてくれた、というのである。

しかし、こんな授業をしていたら、試験には受からないかもしれない。ダメかー。

おそるべき贈答文化

話を「センゼー」に戻そう。

「キクノおばあちゃん」が同居しはじめた時、父と母と私は、年寄りの庭いじりだと思っていたが、一年後、わが家の小さな「センゼー」は、私たちの生活を少しずつではあるが変えていったように思う。

祖母が、花が咲けば花、紫蘇ができれば紫蘇、ミョウガならミョウガを、ご近所さんに配り出したころから、変化ははじまった。しかし、父や母、私も、これには参った。買えば百円もしないものを、突然持ってこられても困るだろうし、実際に祖母からプレゼントされた鉢植えの花を枯らしてしまう人もいて、ありがた迷惑になると思ったからだ。私たちは、何度も、やめてほしいと頼んだものだ。

それだけではない。祖母は、らっきょ漬け、梅干し、糠《ぬか》漬け、白菜漬けも作ったが、家庭内での必要量の何倍も作って、ご近所さんに配り歩くのである。また、祖母が豆ごはんやチラシ寿司を作ると、じつにたくさん作るのだ。これがまた、ご近所さんに配られることになる。

こうしているうちに、祖母はご近所さんの有名人となってしまった。こちらがモノを贈ると、貰った側は、当然お礼をしなくてはならない。われわれも、ご近所さんからいろいろなものを貰うことになってゆく。田舎から来た野菜、釣ってきた魚、旅行の土産などなど。もちろん、祖母は、玄関先で二、三分ほどの挨拶のあとに、持参したモノを渡して帰ってくるのだが、その会話から「つきあい」というものは広がってゆくのである。

贈答ネットワーク

ここまで読んだ読者の反応は、二つに分かれるであろう。一つは、この「贈答文化」を驚いている人。もう一つは、そんなの田舎暮らしならあたりまえさ、と言う人である。田舎では、けっして野菜は買うものではない。野菜は貰うものなのである。あたりまえの話だ、と思っている人も多いと思う。

人間には、モノとモノを贈り合い、交換する「互酬性」という性格が本来備わっている。「互酬性」は、今では、文化人類学のいろはの「い」だ。今から考えると、祖母は「おつきあい」という名の人的ネットワークを作るために、「センゼーモノ」を作っていたようにも思われる。こうした物々交換によって、紫蘇が煎餅《せんべい》になったり、ミョウガが魚になったりするのである。

もちろん、こちら側の贈り物も小さいから、貰うものも、それなりのものでしかないが、そのやり取りが「おつきあい」では大切なのである。モノの交換を通じて、作物は三、四種でも、さまざまなモノが往来してゆくことになるのである。そして、人的なネットワークが形成されはじめるのである。

さらに、祖母を中心とした人的ネットワークは広がりを見せてゆく。祖母に、紫蘇やミョウガの育て方を習いたい人が現れはじめ、蕗《ふき》の煮物や梅干しの漬け方を習いにやって来る人びとも出てきたのである。大げさな言い方だが、技術も広がってゆくのである。教えられた人が、翌年になると自家製の梅干しを持ってやって来る。食物が、人的ネットワークのなかをぐるぐるとめぐりはじめたのである。

ネットワークで人生を豊かにした祖母

展開は、それだけに留まらなかった。三年もすると、ご近所さんからミョウガや蕗、梅の実が、次々に届き出したのである。これは、祖母が、ミョウガの甘酢漬け、蕗の佃煮、梅干し、梅酒などを作ることが、ご近所さんに徐々に知れ渡ったからである。するとまた、それらの品々がご近所さんに配られることになってゆく。産業経済学の視点で考えれば、農業から、農産物加工業が発展したというところか。

祖母は、七十三歳から八十三歳までの十年間、福岡市南区の家で生きた。死ぬ最後の一年の間は床に着いたので、「センゼー原農耕」も、そこで途絶えたが、相変わらずお届け物はご近所さんたちから届いたし、お見舞いに来る人も多かったように思う。

経済的には取るに足らぬものであったが、祖母は、「センゼー原農耕」のお蔭で、七十三歳にしてやって来た新転地で、自分の居所を見つけたのである。しかも、そこは共同体のない新興住宅地であった。では、どんな居場所を見つけたのかといえば、単に居住する空間の居場所を見つけたということではない。ご近所さんのなかにいる私、という居場所である。もっといえば、人的ネットワークのなかの私という居場所である。居心地のよい庭作り、「センゼー原農耕」による贈答、贈答によるネットワーク作り、そしてその人的ネットワークのなかに、自分を位置づけた祖母。とにかくも、ネットワークのなかにいる祖母は孤独ではなかった、と思う。

助け合いで生き残った人類

進化の歴史というものは、現在から過去を道として辿れば必然の帰結に見えてしまうが、実際には、いくつもの偶然が重なり合って現在があるといわれている。火山の噴火や寒冷化による食糧不足、われわれは、進化の過程でさまざまな決断を下し、生き延びてきた。ことに、現生人類が生き延びることができた大きな理由として、集団内における食糧の融通や、集団間における食糧の融通があったと、近年、進化に関わる諸学者が異口同音に述べはじめている。

親が子のために食物を探し、与えるという行為を、私たちは親鳥と雛鳥《ひなどり》との関係で確認できるし、多くの動物にその行動を確認できる。親は子に食物を与えることによって、その種を保存しようとするのである。ところが、人間以外の動物の場合は、自立して自分で食物を確保できるようになると、もう食物を分け与えることはない。かなり知能の高いチンパンジーであっても、食べる時は、それぞれで食べる。そして、自分で食物を確保できなくなったら、死ぬのだ。（なお、ボノボという類人猿については、近年の研究によって、食物の分配を確認できるようである。しかし、それは、人間ほど広範囲なものではなく、現生人類に繫《つな》がる萌芽《ほうが》ともいうべきものであろう）

人類史上の祖母

ところが、人間の場合は、ネットワークを作って、食物を分けて、助け合う。ただし、分かち合いのためには、とある前提がいる。今、自分が相手を助ければ、自分も困った時には助けられるという前提である。しかし、そんな保証は、本来どこにもないはずだ。助けた相手が自分を殺すことだって、往々にして起こり得るのだ。助けたら、助けてくれるという考え方は、ある意味で虚構でしかない。

人間社会というものは、虚構を信用し、虚構を共有することによって成り立っているのだということを強調したのは、ユヴァル・ノア・ハラリだが、ハラリは近年の脳科学研究や進化研究の趨勢《すうせい》をよく見極めた上で、この考え方をわかりやすく提示したのであった。人類学者のロビン・ダンバー（1947―）や科学ジャーナリストのマット・リドレー（1958―）らの研究は、人類が獲得してきた思いやりとかネットワークの歴史を明らかにしている（マットリドレー著、岸由二監修、古川奈々子訳『徳の起源―他人をおもいやる遺伝子―』翔泳社、2000年。ロビン・ダンバー著、松浦俊輔＋服部清美訳『ことばの起源―猿の毛づくろい、人のゴシップ―（新装版）』青土社、2016年、ロビン・ダンバー著、鍛原多恵子訳『人類進化の謎を解き明かす』インターシフト、2016年)。

私は、彼らの議論と祖母の行動を重ね合わせて、こんなことを思った。逆もまた真なりである、と。未知の人間に対してモノを先に渡すことによって、人的ネットワークを形成するというホモ・サピエンスの文化があるのだ。

祖母は、モノを渡す時に玄関先で交わされる数分の会話から、人的ネットワークを紡ぎ出していたのである。

モノが運ぶ情報、情報が運ぶモノ

紫蘇を相手に渡す時に、なぜ紫蘇を渡すのか、自分で栽培した紫蘇ならば、どうやって栽培したかを祖母は話す。相手がお返しに梅の実を持ってくれば、どこで採れた梅の実かを聞く。

そうして、二人は会話から、この人には何をどのようなかたちで持っていくと喜ぶかを、互いに考えてゆくのだ。相手が喜べば、自分も嬉しい。自分も嬉しければ、相手も嬉しい。もちろん、それは単なる思い込みにすぎないのだが、そうやって信用のネットワークというものが生まれてゆくのである。

おやつのバナナでも、結婚指輪のダイヤモンドでもよいのだが、モノの移動や贈答には、情報の交換が必ず伴う。モノとモノとの交換が、情報の交換に基づくものであるということを象徴的に伝える昔話がある。中世の説話集まで確実に源を辿れる「藁《わら》しべ長者」の話だ。

藁しべ長者の話は経済の道理を語る物語である

ある日、貧乏な男が、道端で転んだ。立ち上がる時に、ふと摑《つか》んだ藁。これも、何かの縁と男は藁を持って歩き出す。何を思ったのか、アブがいたので、アブを捕まえた男。

アブをその藁に結びつけて遊びながら歩いていると、大泣きに泣いている子供がいるではないか。困り果てた親は、子供がそ

「藁しべ長者」の原型を所収する『今昔物語集』では、
物語の舞台として長谷寺（奈良県桜井市）が登場する。

のアブを結びつけた藁をしきりに欲しがるので、蜜柑《みかん》と交換しようと男に話を持ち掛ける。蜜柑と藁しべを交換した男は蜜柑を手にまた道を歩き出した。

するとと今度は、喉が渇いて難儀している商人に出会う。商人は男に、上物の反物と蜜柑を交換しないかと持ち掛ける。こうして男は、上物の反物を貰うことになった。

反物を手に男は、なおも歩き続けるのだが、そこで侍に出会うことに。侍の乗ってい る馬は、どうも病気のようだ。侍は病気の馬を売れと家来に申し渡しているところだった。

そこで、家来は男が反物を手に持っているので、この馬と反物を交換しようと話を持ちかける。その交換を承諾した男は、馬を貰うことになったのである。病気だった馬に泉の水を飲ませると、なぜか馬は回復。元気になった。

元気になった馬で旅を続けた男は、とあるところで大きな屋敷を見つけた。屋敷を見ていると、屋敷から突然、男が走って出てきて、これから急いで旅に出なくてはならない、と言う。しかし、乗る馬がないのだと困っている様子。屋敷の主人が言うには、馬を貸してくれ、馬を貸してくれるなら、留守番として、主人の俺が帰って来るまでこの家に住んでもよい。さらに、三年経っても戻ってこなければ、この屋敷はお前にくれてやると言う。

男は急ぐ屋敷の主人に馬を貸して、三年間屋敷の留守番をしながら待った。しかし、屋敷の主人はとうとう戻ってこなかった。

そこで、男は屋敷の主となり、長者さまになったとさ、めでたし、めでたし、という話である（ここは、わざと記憶で書いているので、当然いろいろな語りのバージョンがある。語りとは、そういうものだ）。

モノと情報の交換と

この話は、いったい私たちに何を教えてくれるのだろうか。それは、モノの移動には情報が伴うということであろう。情報によって、相手が望むもの、喜ぶものを与えれば、時には千金を手にすることもできるということを示す寓話として読むこともできる。

大切なことは、相手が望むもの、喜ぶものを与えれば、こちらにも利益があるということを私たちに教えてくれているということである。実際に交換がうまくいって、長者となる人は稀であろうが、人間というものは、このように、モノを交換しながら生きてゆくものなのである。と同時に、モノの交換は、情報の交換でもあるのだ。人は、モノと情報の交換のなかを生きてゆき、死んでゆくものなのである。

もう一つ大切な教えがこの話には隠されている。男は一度として、交換にあたって不正を犯していないということだ。じつは、これも、贈答や取り引き、交易の大原則なのである。男は、モノを交換し合う相手とは、常に合意をしながら交換しているのである。これも、大切なことだ。信頼のないところに交易はない。

モノの交換が作る信頼とネットワーク

祖母の交換は、こんなものだった。

①　モノとモノの交換
②　モノと技術の交換
③　①と②によるネットワークの構築を目指す交換

こういった行為は、ホモ・サピエンスのみが持っている文化である。霊長類は、集団を形成し、その集団の秩序のなかで生きているが、百匹までの集団はあっても、千匹を越える集団はない。また、集団と集団で食べ物を交換したり、融通し合うこともない。それは、贈答によって、ネットワークを構築した経験がないからである。

鋭利な刃物となる黒曜石が産出地から六百五十キロ離れた場所から発掘されるので、黒曜石を通して縄文社会の流通について語ることが多い。しかし、この現象に驚く必要などない。ホモ・サピエンスは、モノの移動に伴って、情報も交換するので、必要とする人の元に、必要なモノが届くシステムを自在に構築してゆくことができるのである。だから、私は、博物館に展示されている黒曜石を見ると、藁しべ長者の話を思い出す。裕福になった人がいたかどうかはわからないけれど、たくさんの藁しべ長者たち、集団の藁しべ長者たちがいて、黒曜石が広がっていった、と思うからである。

と同時に、黒曜石がこれほどまでに流通しているとすれば、藁しべ長者たちは、いろいろなものと黒曜石を交換したと考えられる。たまたま産地が特定でき、かつ発掘できる黒曜石で、その交易の一端を知ることができるだけのことなのである。

シルクロードも同じだ。ローマから中国まで一本の路があり、始発点と終着点を一

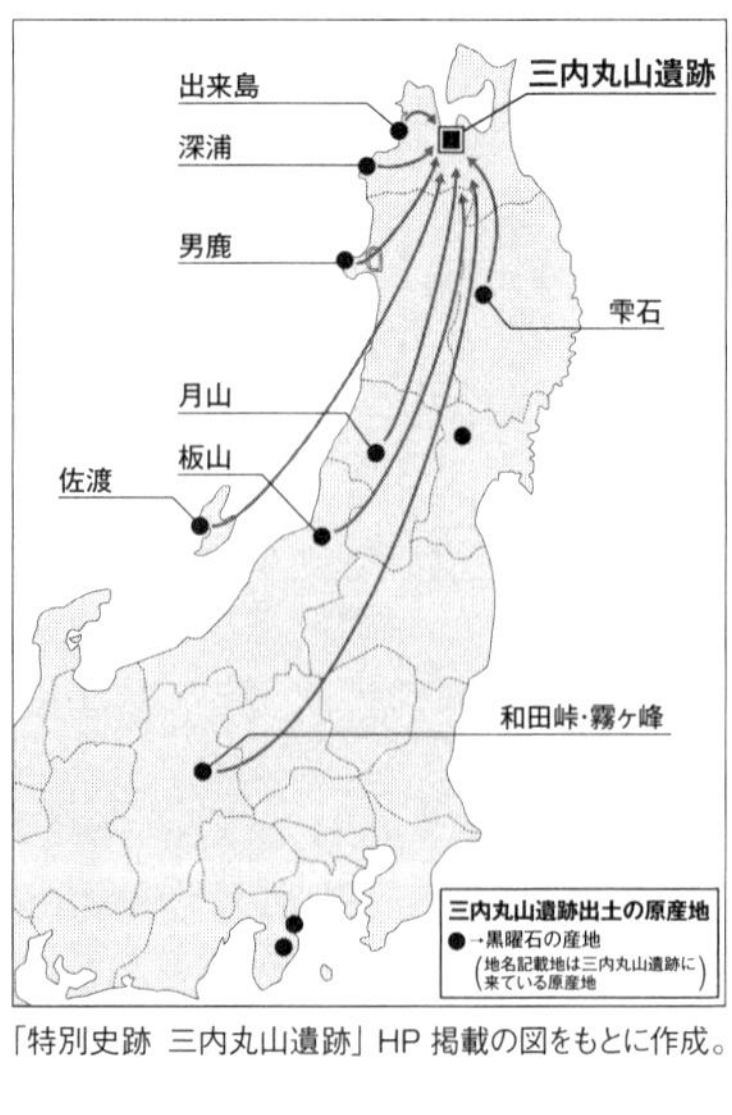

「特別史跡 三内丸山遺跡」HP 掲載の図をもとに作成。

団の隊商が品物を運んでいたなどと考えるのは、愚かなことである。路は網の目だし、さまざまな交換の上に、藁しべ長者たちの活動の上に、交易は成り立っているのである。だから、ローマから中国の絹が出土しても、長安から東ローマ帝国のコインが出土しても、何ら驚くにはあたらない。

無言交易と信頼

人間はモノと情報の交換によって、信頼関係を作る。さらに、おもしろいのは、文化的背景が異なる相手や、言語が通じない相手、果ては敵対関係にある相手とも交易をする。

では、そういった場合どうするのか。それには「無言交易」というかたちがあったようである。無言交易が存在したことは、ヘロドトスの『歴史』（成立は紀元前五世紀に遡《さかのぼ》る）にも記されている。カルタゴ人とリビア人の交易の話である（巻四、ヘロドトス著、松平千秋訳『歴史（中）』岩波書店、２００６年、初版１９７２年）。それだけではない。無言交易が世界中に存在していたことが、民族学や文化人類学などの調査によって明らかになってきているのだ。

方法は、じつにさまざまであるが、その基本は、言葉を交わさないという点にある。

場所を決めて、無言で物々交換するというかたちもあれば、こんなかたちもある。敵対する二者の中間点に品物を置き、相手が持ってきた品物のうち必要なものだけを持って帰り、しばらくして、その品物に見合うと判断される交換物資を定められた場所に持っていくというかたちである。

欲しくなければ、相手の物資を受け取らないし、相手の物資が必要以上に多かったり、反対に自分たちが交換のために出した物資が少ないと、相手の物資をすべて受け取らない場合だってある。これを対面しないようにしながら、繰り返すのである。無言だからといって、信頼がないかといえば、そうではないのだ。考古学者でアイヌの文化を研究する瀬川拓郎（1958—）によれば、アイヌ文化の人びとは、近世までこの無言交易を行なっていたという。さらには、アイヌ文化人とオホーツク文化人との間でも、無言交易が行なわれていたという（瀬川拓郎『アイヌの世界』講談社、2011年）。

阿倍比羅夫が体験した無言交易

『日本書紀』斉明《さいめい》天皇六年（660）三月条には、阿倍比羅夫《あべのひらふ》の北方遠征記事がある。ここに七世紀の北方での無言交易の様子が記されている。これは、渡島蝦夷《おしまえみし》からの情報を頼りにして、渡島蝦夷と粛慎と同じ無言交易の方法で、倭人《わじん》たる比羅夫たちが粛慎《みしはせ》と交易、外交交渉をしようとした例である。蝦夷と粛慎と倭人は、ともに異なる文化を持っていた人たちである。

『日本書紀』には、比羅夫たちは定められた場所に交換物資を置いて交易をしようとしたが、不首尾に終わって、倭人と粛慎が交戦したと記されている。最初は、やって来た粛慎の老翁が倭人の服を受け取り、倭人からの贈り物の服をその場で着たので取り引き成立かと思われたのだが、一旦帰った老翁が倭人からの贈り物の服を脱ぎ、またその場所に戻したので、取り引きが不成立となってしまったのであった。

このあと、倭人の圧倒的な武力を前に、粛慎は和議を求めたのであったが、倭人側はこれを拒否。粛慎と倭人は交戦し、倭人側にも死者が出たが、最終的には敗れた粛慎たちは、自らの妻子を殺して償いとし、倭人側は粛慎たちの償いを受け入れて、ようやく戦闘が終結したようである。

瀬川によれば「粛慎」はオホーツク文化人、「渡島蝦夷」はアイヌ文化人と考えられるという。私たちは、この記事によって、いくつかのことを学ぶことができる。一つは、交易と戦争は、時として表裏一体の関係にあること。もう一つは、贈答品の受け取り拒否は、敵対行為となること。三つ目は、戦争終結の方法の一つとして、自分の妻子を自分で殺して許しを乞うことがあった、ということである。

国際貿易も贈答文化の延長線上にある

つまり、贈答も、交易の一つのかたちであり、それは時として交渉の役割も果たすということである。いや、人類は、贈答から、交易をはじめたのだ。国と国との関係ならば、贈答が外交交渉で大きな役割を果たすことすらある（インドの象外交、中国のパンダ外交を想起せよ）。

じつは、唐に派遣された遣唐使は、売買というかたちでも交易を行なったのだが、贈答というかたちでも交易を行なっていた。唐の皇帝に対する献上品がまず献上せられ、

遣唐使が唐に贈った品々

（『延喜式』賜蕃客例〔大蔵省・賜蕃客例・大唐皇〕掲載の朝貢品）

◇国信（定例の朝貢品）

●銀 大五百両　●水《みず》織《おり》絁《あしぎぬ》 二百疋《ひき》　●美濃絁《あしぎぬ》 二百疋
●細絁・黄絁 各三百疋　●黄糸《きのいと》 五百約　●細屯綿《ほそつみわた》 一千屯

「絁」は絹織物など古代の絹製品のこと。美濃絁は最高級品だったといわれる。「黄絁」「黄糸」など黄色の品があるのは、黄色は唐（中国）では皇帝のみに許された色のため。

◇別貢（別送した品々）

●綵《さい》帛《はく》 二百疋　●畳《たたみ》綿《わた》 二百帖　●屯綿 二百屯　●紵《ちょ》布《ふ》 三十端
●望陀布《もうだのぬの》 一百端　●木綿《ゆう》 一百帖　●出《しゅっ》火《か》水《すい》精《しょう》 十顆　●瑪瑙《めのう》 十顆
●出火鉄 十具　●海石榴油《つばきあぶら》 六斗　●甘葛汁《あまずらのしる》 六斗　●金漆《こしあぶら》 四斗

「望陀布」は、上総国望陀郡（現在の千葉県袖ケ浦市、木更津市、君津市）産の麻織物。美濃絁と同じく最高級品とされた。「出火水精」は火を起こすために使用する水晶。「瑪瑙」は鉱物、宝石。「甘葛汁」は、つる草の一種甘葛由来の甘味料。「金漆」は甲冑など鉄製品の防錆に用いる樹脂液。

これを嘉納（かのう）といって、めでたく皇帝が受納する。次に皇帝が遣唐使を労（ねぎら）って、回賜品（かいしひん）

と呼ばれる天皇（日本国王）へのお土産を渡す儀礼があったのである。

いわゆる朝貢外交といわれる交易形態である。が、しかし。では唐の皇帝からの回賜品が著しく見劣りするものであったかといえば、そうではない。むしろ、朝貢物資の価値を上回るものであったようだ。ホモ・サピエンスには、互酬性というものがあるので、贈答品が著しく不均衡であるということはあり得ないのである。唐は、その国力が弱まると、外交使節団の受け入れを制限しはじめる。つまり、朝貢者の朝貢品に見合う回賜品が用意できなくなってしまったのである。そして、それは、とりもなおさず国力の低下を象徴する出来事となってしまったのである。

無言交易は合理的な交易である

祖母の紫蘇、ミョウガを中心とするご近所さん外交も、粛慎と倭人の阿倍比羅夫との無言交易も、遣唐使の朝貢外交も、互酬性が基本なのである。そして、ネットワークを成立させるためには、返礼品が相手の予想を下回る量や質では具合が悪いことになる。

無言交易というと、一種の奇習のように思われがちだが、私はきわめて合理的な人類の知恵だと思う。たとえば、文化的な背景が異なる集団との取り引きでは、言葉を介することによって諍《いさか》いが起こることもあり得るし、恋してはならない相手と恋をしてしまうこともあるかもしれない（ロミオとジュリエットの物語を想起してほしい）。つまり、信頼関係をもとに交易したいのは山々でも、交易以外の「つきあい」をしたくない場合もあるだろう。しかし、人間にとって、交易は生き延びるために不可欠な行為である。こう考えると、特殊な条件下においては、きわめて合理性の高い選択だったのである。

また、辺境の地の集団においては、ウイルスや細菌に関する免疫を持っていない人びともいる。したがって、出会って交流すると、時には全滅してしまう危機もあるので、対面せずに交易のみを行なうということもあったようである。

だから、無言交易は、二つの矛盾する「思い」の下で成り立つものということができるのである。

▽**互いに交易をしたいという強い思いがある。**
▼**互いに対面したくないという強い思いがある。**

▽▼の二つの条件がないと、成り立たないのである。私は、いくつかのことを、今、思い浮かべている。順次、話してゆこう。

コロナ禍と無言交易

親子、夫婦、友人、同僚でもよいのだが、当然喧嘩をすることもあるはずだ。話すと喧嘩になると思う時、人は時として無言交易をする。相手が林檎《りんご》の一つでも机に置いたら、それは関係改善の糸口を探っているサインと思えばよいだろう。

私の友人で、不和となった会社の上司に認印を求めるために、こんなことをした人がいた。上司が外出している隙に、わざわざ書類を上司の席に置きに行ったというのだ。上司も上司で、部下が外出している隙に部下の机の上に印を押した書類をそっと置いていたらしい。この関係が一年続いたというのだから、これは立派な無言交易である。

もう一つは、新型コロナウイルス感染に伴う買い物も同じである（2020年春〜）。なるべく話さず、なるべく近づかずに、物とお金を交換するというのは、一種の無言交易である。

しかし、売り手も買い手も強く相手を必要としているから、この方式が取られるのである。コロナ禍の不安がなくなれば、また元通りにしましょう、ということを前提にした無言交易ということになろうか。つまり、無言交易といっても、ルールがないわけではないし、ましてや交易をしたくないわけでもないのである。

日本の無言交易と貸椀伝説

日本社会においても、無言交易が行なわれていたことについては、柳田國男をはじめとする多くの民俗学者が指摘をしているところである。

この無言交易にも、ルールがあることを教えてくれる伝説がある。いわゆる「貸椀《かしわん》伝説」と呼ばれるものだ。さまざまな差異が、個別の伝説にはあるけれど、そのおおよそはこんなものである。

村びとたちは、冠婚葬祭のたびに、皆で会食するのだが、時として家にある食器では数が足りなくなることもあった。そういった折、村びとたちは、村はずれの塚の前に行き、「何月何日に、これこれの理由でお椀が必要なのでございます。しかし、家にあるお椀の数では足りません。どうか、お椀をお貸しくださいませ」と祈るのだそうだ。

そうして、足りない食器の種類と数を言ってから、「何月何日に取りに伺いますので、用意しておいてくださいº 必ず、用事が済みましたら、何月何日に一つ残らずお返しいたしますので、どうか、よろしくお願いします」と祈っていたというのである。すると、指定した日には、お願いしておいた食器が塚の前に置かれていたのであった。村の人びとは、ことあるごとに塚に祈って、お椀を借りていた。

そして、そのお椀を一つ残らず返していた。それはそれは、昔から昔から、ずっとずっと続いていたというのである。ところがある日、不心得者がいて、たった一個のお椀であったけれども、これを返さず自分のものにしてしまったのであった。するとその日を境に、どんなに祈っても、お椀が塚の前に現れることはなくなってしまったという話である。

この伝説を、私たちは、どう解釈したらよいのだろうか。一つは、相手が誰かわからない交易であったとしても、たとえ人か神かわからなかったとしても、互いに信用しなくては、交易は成り立たないということを、話の聞き手に教えているのであろう。それが、交易以外の「つきあい」はしたくない相手、敵対している相手との交易であっても、約束は守らなくてはならないという掟《おきて》を伝えているのであろう。

貸椀伝説のもう一つのメッセージは、交易というものは、信用というものが社会的に共有されているからこそ、成り立つシステムであるということを伝えているのであろう。これも、大切なことだ。

ことに、この話で重要な点は、貸椀のルールが特定の人物や神などが定めたルールではないという点ではなかろうか。人間社会というものは、はじめからそういうものなのだ。誰が定めたというようなものではなく、社会というものは、はじめからそういうものなのだということを、貸椀伝説は表しているのである。

罪／罰、善／悪も相対的な日本文化

日本社会というものには、契約の観念がないといわれることがある。事前に法が定められ、その法に定められた罪を犯した者は罰せられるという観念がない、ないしは薄いといわれる。読者のなかには、前に見た「天《あま》つ罪《つみ》」と「国《くに》つ罪《つみ》」（38頁）はどうなのかといわれるかもしれないが、じつは、この罪には罰があらかじめ定められているわけではないのである。もちろん、罪を犯せば制裁はあるが、それが事前に定められているわけではないのである。

スサノヲノミコトは、「天つ罪」を犯して追放されてしまうが、追放先の出雲では大活躍する。罪と罰の明確な対応関係がなく、善と悪の関係すら、その時々の状況によって異なるのである。スサノヲノミコトは、その典型だ。

つまり、絶対的な罪と罰、善と悪の基準が日本社会には存在しないのである。ジャンケンでは、グーはチョキに負けるが、チョキはパーに勝つ。だから、グーの優劣は、相手次第で決まるということになる。ところが、コイン投げの場合は、表と裏の優劣は固定的だ。

日本人は契約しないという契約をしている

では、契約思想がないということは、無秩序かといえば、そうではない。おそらく、契約しないという契約をしているのだと思う。つまり、日本社会では、信頼をしている場合は、契約などしないのだ。お寺へのお布施は契約ではないから、和尚さんに聞くと「お心持ちでどうぞ」と言われる。

では、一円でよいかといえば、そんなことはない。状況を勘案して額が決められてゆくものである。だいたいの相場というものがあるのだ。

つまり、契約をしないということは、契約しないという契約をしているのと同じなのである。貸椀伝説も、契約のように見えて契約ではない。祈ったらお椀が貸してもらえるが、返却しなかった時の罰則があらかじめ定められているわけではないのだ。実際に椀を返さなかった不届き者への罰もない。

日本文化圏での道徳的教育というものは、罪と罰との関係を学ぶことではない。私たちは、「おてんとうさまが見ているから悪いことをしてはいけませんよ」と教えられたが、何が悪いことかは教えられなかったし、悪いことにどんな罰があるかも教えられなかった。すべては、状況からその折々に考えよ、ということであろう。私たちは、神とも人とも、契約は結ばないのだ。あるのは信頼関係だけ。しかも、あまりにも漠然としたものだ。

おてんとうさまが見ている

しかし、それは自由でお気楽なものである、と考えるのはあまりにも浅はかだ。日々変わる状況のなかで、自分の行動を判断するのは自分だし、状況によって罪の基準も変わるから、うっかり大罪を犯すことだってあり得る。

第一、「おてんとうさま」というけれど、神さまなのか仏さまなのか、何なのかよくわからない。よくわからないものが見ているというだけで、罪と罰の明確な基準すらもないのだ。一つだけいえることは、高いところから、ずっと見ているということだけだ。

個別の契約を結ばない代わりに、無限に俺を信頼せよ、こちらも無限に信頼をしているぞといわれても困るだろうが、人間社会ははじめからそういうものだという前提で、私たちは生きているのである。この構造は、貸椀伝説とまったく同じである。

相互に監視をしなくてはならないような関係は、日本社会では良好な関係ではないのである。契約しなくても、相互監視しなくても相手のことを思って、行動するという行動が日本社会では求められるのである。おてんとうさまが見ているというが、おてんとうさまは善人にも、悪人にも平等だ。悪人だからといって、照らさないわけではない。それでも、不正をしてはいけないというのである。

だからこそ、逆にそのおてんとうさまの元で、不正をするということは、大罪になるのである。

白紙見積書の恐ろしさ

関西で暮らした人ならわかると思うが、親しい関係になると、白紙見積《みつもり》というものが出てくることがある。家を建てるとしよう。工事の見積書に資材費、輸送費、日当などという項目は書かれているのだが、すべての金額が空欄のままになっている見積書だ。そちらの予算にすべて合わせますよ、といういわばサインなのである。

しかし、この見積書は、じつに恐いものである。貰った側は、相手がそれほど信頼してくれているのならばということで、相手のことを考えて、数字を書き込むしかないのだから。大概の場合は、「こちらのことを思ってくれているのはありがたいけれど、困ります」と返事をすることになる。

すると、施工業者は、ではいったいどの程度のご予算で考えておられますか、ということになって、交渉がはじまるのだが、その時点で、すでに一社選択ということになってしまい、他社に頼むことが難しくなる。もちろん、相見積を取ってもよいのだが、そうはできにくい状況が、この時点で生まれてしまうから怖いのだ。この話を京都の祇園《ぎおん》でしたが、「あたりまえですやん」と言われた。ちなみに、祇園の高級店には、メニューや価格表などない。だから「いちげんさん」は入れないのだ。

祇園には、近代経済学など通用しない。

契約のない社会はいじめの温床になる

契約をしないでおこうという契約は、無限の信用を前提とするが、それは罰も無限になるということである。日本社会のいじめの構造も、じつはここにあるのだ。信頼を裏切った者には、何をしてもよいことになるからだ。集団内の秩序を守らない者を、その社会で生きてゆけなくするのだ。政治家の政党除名も、過激派のリンチも、構造だけを見るなら似ている。

じつは日本社会におけるいじめというものは、敵対的関係から生まれるものではないのである。むしろ、仲間から生まれるものなのである。ちょっとでも、いじめ問題を扱った学校の先生なら、よくわかることだが、いじめられた生徒が数か月前いや、数分前までいじめていた生徒であるということは、よくあることだ。

むしろ、いじめは共同体を維持するために、敵を作って団結する行為なのである。だから、生徒間で聴き取りをすると、いじめた側も、いじめられた側も、友達だと互いに主張することが多い。だから、厄介なのである。なぜならば、仲間内での無視や暴力を止める力が働かないのである。いじめをやめさせようとすると、今度は自分がいじめられるのである。

もう一つ日本型のいじめには、重要な特徴がある。それは、日本型のいじめは常に一対多なのである。この特徴は、日本型のいじめが、共同体を維持するために行なわれる行為だからである。

無限の信頼を前提としたシステム

外国人留学生がやって来て、戸惑い、時々号泣するものに、田舎の「無人スタンド」というものがある（『読売新聞』「顔」ウクライナ出身のブジョラ・エレナさん紹介記事、２０１６年10月26日）。袋詰めの野菜が路上に置かれていて、必要な人は、ここに百円入れてください、というあれだ。しかも、ほとんどの場合は、買われた金額より少し多い金が入っているそうだ。

では、投入金額が少ない時は、どう理解するかというと、こんなことで人助けができてよかった、と設置者は思うのだそうだ。外国暮らしの長い人は、食べ物に毒が入っていないか、不安で利用できないという。いわんや、お賽銭箱《さいせんばこ》など、お金が外に放置されているのに等しい。こういったシステムは、現代の無言交易なのか。ともあれ、無限の信頼を前提としたシステムということだけはいえる。

「おてんとうさまが見ている」は恐ろしい道徳教育

ここまでの議論は、日本人が大好きな話なのだが、これはじつに恐いシステムであることも忘れてはならない――。

日本社会では、無人スタンドの泥棒や賽銭泥棒をした人は、発覚した場合、仮に罪を償ったとしても、永遠に社会的に信用されない。全人格が、理由の有無を問わず否定されてしまうのである。本人が社会から排除されるだけならよいが、「うわさ」という制裁は家族にも累が及ぶし、うわさは逃げても逃げても追いかけてくる。しかも、それはたった一度でも、数度でも同じなのだ。信頼回復のチャンスなどない。

「おてんとうさまが見ている」という教育は、じつは恐いもので残酷なものなのである。日本社会は、正直者しか生きてゆけない、不寛容な側面を持っていることも忘れてはならない。不正直者だと判定された時点で、社会的な死を宣告されたも同じなのだ。罪と罰との絶対的対応もないので、「贖罪《しょくざい》」によって復帰することも不可能なのだ。どんなに真剣な「贖罪」も、見せかけだと陰口を叩かれるだけである。ごく稀に、良心に対する感覚を麻痺《まひ》させるかたちで社会復帰する人もいるが、だからといって、社会的信用が回復するわけではない。

「おてんとうさまが見ている」は、じつに恐い道徳教育なのである。

第三章

宗教の知恵

教会で七五三を祝う日本の「何でも教」の世界

奈良県桜井市の三輪山。留学生との「神学論争」の舞台となる。

節目ごとに神か仏を選ぶ日本人

よく日本人の宗教生活を語る時に、結婚はキリスト教、お正月は神社参拝、お葬式は仏教で、節操がないといわれるが、私は違うと思う。日本人は、人生の節目ごとに、神と仏を選んでいるのだと思う。悪くいえば使い分けであるが、ある意味、結婚式は何式にするか、今年はどこの神社にお参りに行くか真剣に考えていると思う。以下、考えているところを述べる。

この章においても、祖母、上野キクノの助力を仰ごう。祖父と祖母の家には、仏壇も神棚もあった。一九七三年、祖父が死に、祖母が父、母、私と同居することになると、仏壇も神棚も、引っ越ししてきた。その日のことは、よく覚えている。家族全員で、仏壇と神棚にお参りし、珍しく寿司を取ったからである（しかも、特上）。朝夕に仏さまにはお茶とご飯を供え、神棚には水と洗米《せんまい》を供える生活がはじまったのである。もちろん、それは祖母の仕事だ。お供えの仕事は、祖母が死んだあとは、母が継承した。

神仏が同居する日本家屋

一九七九年、大学に入学して、ようやく好きな古典や歴史、そして民俗学の勉強に集中できるようになったのだが、当時の日本民俗学の入門書には、必ず、

▽先祖祭祀《さいし》（菩提寺と繋がる仏壇祭祀）

▼氏神祭祀（氏神社と繋がる神棚祭祀）

の項目があった。したがって、私は「わが家」も、そうなのかぁ、と思ったことを覚えている。しかし、民俗調査で諸地域を歩き回ると、いろいろな信仰世界が見えてくる。

屋内に仏壇も神棚もあるのに、屋敷神という神を祀《まつ》る地域もある。私が調査に入った遠州の例では、屋敷神はそれぞれの屋敷と土地を守る神ということになっていて、それはご先祖さまとも、氏神さまとも違うものである。小さな祠《ほこら》を祀る家もあれば、毎年藁《わら》で祠を作る家もあった。

つまり、自分たちの男系の祖に対する信仰と、地域の神である氏神に対する信仰と、

住んでいる屋敷を守る神への信仰とが、明確に区別されているのである。

わが家の神仏

私の福岡市南区の家には、屋敷神さまはいなかったけれども、使用されなくなった井戸があったので、祖母は、盆と暮には、井戸の前にお神酒《みき》と洗米を供えていた。つまり、わが家には、ご先祖さま、氏神さま、井戸神さまがいらっしゃったことになる。そうそう、この原稿を書きながら、今、思い出した。わが家は、一九七三年当時、すでにガスレンジを使用していたのだが、六月と十二月には琵琶《びわ》を持ったお坊さんがやって来て、火難除けの「竈祓《かまばら》い」の祈禱《きとう》をしてもらって、お札を貰って貼っていた。お坊さんが琵琶を弾きながらお経を唱えていたのを覚えている。

私たち三人家族は、祖母がやって来て、そういう神仏同居をすんなりと受け入れたのである。私は体感主義なので、アンケート調査などというものを一切信じないが、日本人はその宗教を問われると「無宗教」と書く人が多いといわれる。しかし、それは、聞き方が悪いのだ。

宗教というと、特定の「教団」への入信、帰依などを想定してしまうから、「無宗教」と答えざるを得ないのであって、日本人の場合、宗教に関する考え方が、根本的に違うのだと思う。その謎を私なりに、これから解いてみたい。

身内を悪くいって悪いが、祖母、父、母の三人は、じつは仏教についても、神道についても何も知らなかった。菩提寺は、臨済宗東福寺派だったので、お坊さんは仏事のたびに観音経を読誦《どくじゅ》してくれたが、それが観音経であることなど知らなかったし、氏神というだけで、そのご祭神も知らなかった、と思う。私からいわせると、庶民の宗教知識というものは、その程度のものであった、と思う。

無節操な宗教生活

そこで、さらにわが家の無節操ぶりを暴露しよう。私たちの家は、もともと普段着を扱う小商人であったから、とにかく街の人たちと仲良くしようとした。なぜならば、そうでないと商売させてもらえないのだ。そこで、氏神社の総代も、菩提寺の総代も、敬神婦人会の役員も、仏教婦人会の役員もやっていた。何という無節操。

それだけなら、まだよい。私の幼稚園がカトリックで、姉の中学校もカトリックだった関係で、教会の奉仕団体の役員もしていた。そして、役員の任期中は「おミサ」にも出ていたのだ。笑ってしまったのは、家の負担が大きすぎるので、祖父、祖母、父、母はそれぞれお寺、神社、教会の「お役」を順番に回していたことである。選挙でいうなら、いわゆるコスタリカ方式というやつである。神父さまから洗礼を勧められることもあったが、いつも私たち家族の返事は決まっていた。

うちたちゃあ、お寺とも、神社とも縁がありますけん。「何でも教」ですたい。

ですけん、受洗はでけんとですたい。

それをおもしろおかしく、身振り手振りを交えて言うので、神父さまも苦笑するばかりだった。

大学三年生の時だったと思うが、祖母、父、母に、何かの法事の席上、質問したことがあった。「何で、『何でも教』なの、うちは?」と。すると、三人とも異口同音に、こう答えた。

縁があるけんたい。受験でも、神さまにも、仏さまにも、ご先祖さまにも、マリアさまにも、お願いした方がよかろうが。四倍になろうが……。

なるほどとは思ったが、そのあとの答えがひどかった。「神頼み四倍でも、お前は高校と大学の受験に失敗したけどね――」と言われたので、すごすごと引き下がった記憶がある。なるほど、すべては「神縁」「仏縁」なのか――。

宗教の重層化と内包化

仏教も、キリスト教も、当初にはさまざまな宗教対立があったが、結局は日本社会に土着していった。仏教も、キリスト教も、それぞれの時代の要請のなかで揺らぎながら、日本社会の宗教になっていった、と思う。

もちろん、今日でも深刻な宗教対立があることは知っているが、概《おおむ》ね、日本人はそれぞれの宗教、宗教というより宗教文化を、自己の生活のなかに取り込んでいったのではないか、と思う。東アジアや西欧においては対立軸にあるものも、日本においては奇妙に調和してしまうのである（上野誠『万葉集から古代を読みとく』筑摩書房、2017年）。つまり、「重層」しながら残り、生活のなかにゆっくりと「内包」されてゆくのだ。そういう見方は、楽観的すぎるだろうか。

教会で七五三の祝いを考えた母

以上のような宗教のありようを、「習合」といったり、「シンクレティズム」といったりするが、日本型の「習合」の特徴は、歴史的に受け入れたものが、住み分けしながら、社会に土着してゆく点にある、と思う。

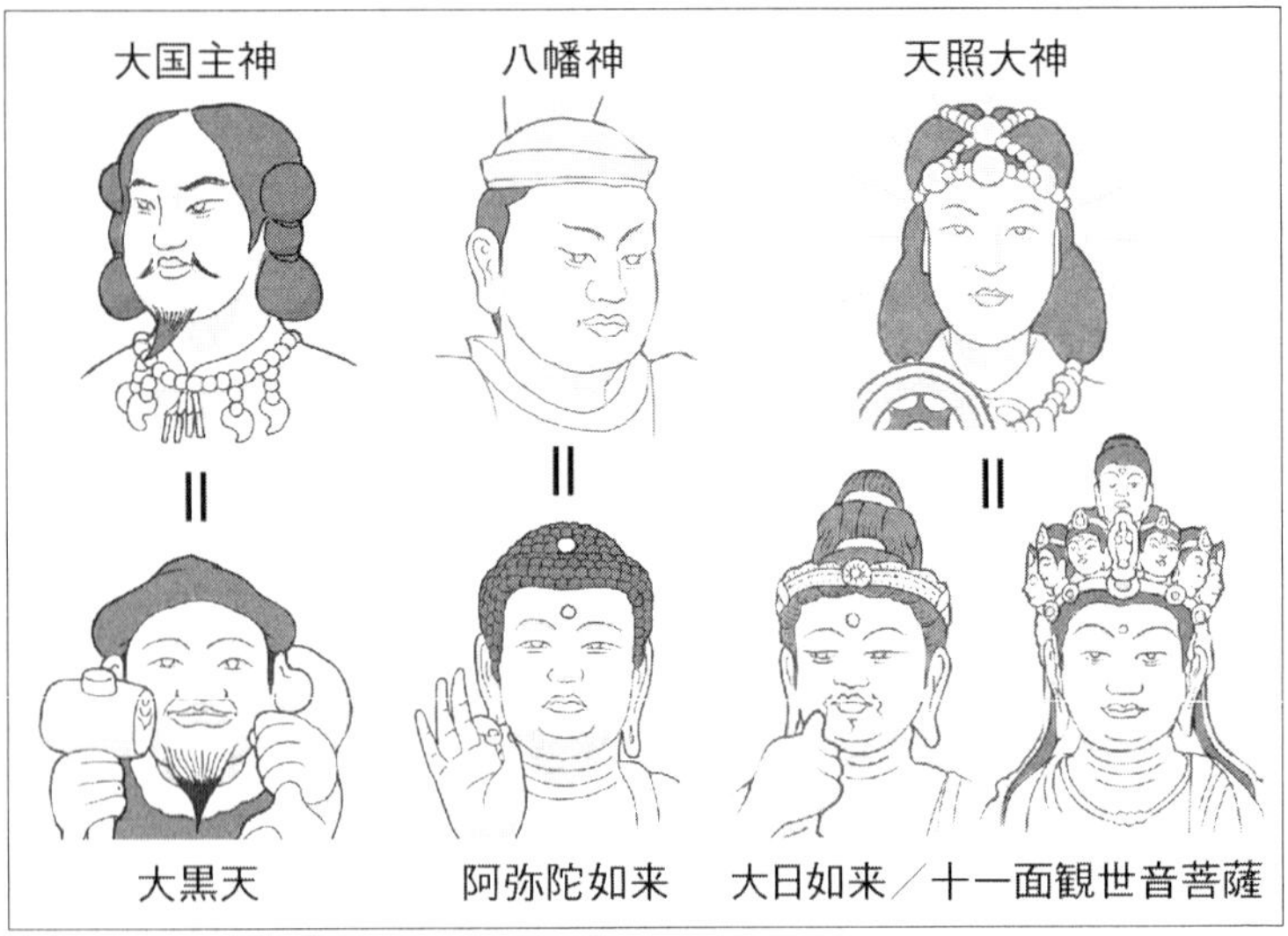

画／蓬生雄司

たとえば、大日如来は天照大神《あまてらすおおみかみ》の化身である。いや違う、逆だ、大日如来が天照大御神の化身なのだといった具合に、神仏が裏表の関係になってしまうのである。さらには、日本の神々が、仏法を守る神々、すなわち護法神《ごほうじん》として位置づけられることもある。

宗教、宗派というものは霊的なものの説明の体系なので、さまざまな説明が可能なのである。ところが、この説明方法をめぐって、歴史的には対立したり、戦争になったりもするのである。

日本社会は、この説明を融通無碍《ゆうずうむげ》に行なって、巧みに宗教、宗派間の対立を回避してきた歴史がある。日本社会においては、いわば「何でも教」になってしまうのである。

わが家の無節操「何でも教」が、地域社会に果たした役割を、ここで一つ紹介しておこう。

たぶん、母が教会の「お役」をしている時であったと思うが、母の提案で、教会でも「七五三」をしようということになった。そこで、十一月の土曜、日曜に「七五三」の礼拝を行なうようになった。母は、神社にお参りに行った帰りに、教会にもお参りに来てもらえばよいくらいの考えで提案したのであろう。ために、知り合いの飴屋さんに頼んで、教会で配布する千歳飴を作ってもらおうとしたのである。

ところがだ。袋のデザインに、はたと行き詰まってしまったのだ。袋を作る業者さんは、教会の千歳飴の袋なんて誰もデザインしたことがないという。そこで、飴屋さんに出入りの袋の業者さんと話し合い、マリア像となぜか朝陽をあしらった千歳飴の袋を作ってもらうことにした。

当初、母たちは、神社から教会に回ってきてくれるかと不安であったらしいが、教会でも七五三をやっていることがわかると、多くの子供とその親たちが晴れ着でやって来てくれた。それも、そのはずである。子供たちにしてみれば、二袋目の飴が貰えるからである。子供たちにせがまれては、親もかたなしで、十一月の土日、教会はめずらしく千客万来とあいなった。

先日、故郷の朝倉市に帰省した折、五十年を経た今も、その教会に七五三の飴が納品されていると知って驚いた。今も、続いているのだろう（お母さん、笑い者にしてゴメン）。

日本における神仏習合

外来文化を重層的に受け入れて、内包してゆく。宗教もその例外ではない。私は、そう愚考している。おそらく、習合が起こってしまったあとに、後追いのかたちで、大日如来＝天照大神説や、神と仏の融合の本地垂迹《ほんちすいじゃく》説、仏法を守る神々の護法神説などが生まれてゆくのだと思う。

つまりこれは、独自の説を作って、宗教対立をなくしてしまう方法なのである。もちろん、このやり方は、宗教の伝統を重要視する立場から見ると危険な教説であるけれども、矛盾を解決して宗教を土着化させる方法ということもできよう。

日本仏教は、教団のエリートたちを中国に留学させることによって、自派の権威を確立しようとしていた。だから、留学僧たちは、その時々に流行している中国仏教を日本に導入してきたのである。華厳教、浄土教、密教、禅など時代時代の仏教を日本に導入してきたのだが、本家の中国では、それらの流行は次々にリニューアルされては、消えてゆく。ところが、日本では、それがそのまま保存されてしまうのである。

日本には、密教を奉ずる真言宗もあれば、浄土教を奉ずる浄土宗もあり、禅宗もある。中国では、そんなことはあり得ない。つまり、時代ごとに展開していった中国仏教が、日本ではそのまま併存して残っているのである。こうなった理由は、二つある、と思われる。

一つ目の理由は、日本では新旧の対立がなくなってしまうことが挙げられる。たとえ話で説明すると、本家ではWindowsのバージョンアップが次々になされているのに、日本においては歴代のバージョンがそのままあちらこちらに残っているというような状態なのである。同様に、旧バージョンの仏教は本家の中国にはなく、日本で独自に存在しているのだ。いわば、知と宗教のガラパゴス化だ（独自化）。

もう一つの理由は、日本が文明の辺境の地で、かつ周りが海に囲まれていたからである。中心部で起こった大激流も、周縁部である日本には小さな波となって伝わる。中心部では大激流が起こるたびに、古いものが一掃されてゆくのだが、周縁部では、古いものも押し流されず残存していったのである。

この二つの理由によって、中心部の中国では、激しい対立関係にあったものが、日本では新旧並存のかたちで残ってゆく。中心部で対立していたものが、習合して、日本のなかで独自のものになってゆくのである。

中国においては深刻な対立を招いた儒教と仏教も、日本ではゆるやかに習合していった歴史がある。こういった現象を積極的に評価すれば、「対立を越える習合思想によって平和を保った和の国、日本の習合宗教」といえるだろう。

私も、その考え方に賛成したいとは思うが、そういった習合が可能だったのは、日本の地理的条件に負うところが大きかったことも、忘れてはならない。

日本のカトリック

辺境日本は、世界に冠たる習合宗教の大国なのだ。キリスト教にも、土着化させようという試みがある。カトリックの信仰を、日本人の生活や思想に合うものにしようとした人びとがいた（いる）。

これは、信仰者の側が、積極的に土着化しようとする試みである。つまり、日本化である。遠藤周作（１９２３―１９９６）は、何度も、キリスト教という洋服を和服に仕立て直すということを言っていた。私も何度か、その遠藤の話を講演で聞いた。

井上洋治神父（１９２７―２０１４）も、わかりやすい言葉でキリスト教を説き、礼拝の方法にも、日本人になじみやすい工夫を加えていたようだ。

カトリックは、グローバルな宗教であるとともに、それぞれの地域で土着化しているし、一九六〇年代以降、土着化を容認したので、日本カトリシズムといえども、やはりカトリシズムの枠のなかにあるものであることは間違いない（戸田義雄編『日本カトリシズムと文学─井上洋治・遠藤周作・高橋たか子─』大明堂、１９８２年）。

殉教と棄教の間

遠藤周作の『沈黙』（新潮社、１９６６年）は、カトリックのイエズス会の名高い神学者が、日本で拷問に屈して信仰を捨ててしまったという噂が、届くところから始まる。

この神学者の弟子である一人が、キリスト教弾圧下の日本に潜伏するのである。そこで出会ったのは、信心深い隠れキリシタンたちや、隠れキリシタンを追い詰める奉行所の役人とその激しい拷問、そして裏切りを繰り返す男なのであった。

そして、ついには潜伏者の一人は殺されてしまう。さらに、もう一人も奉行所に捕まってしまう。

捕まった司祭、ロドリゴの煩悶《はんもん》こそこの小説の主題なのである。ロドリゴは、奇跡を信じてひたすらに祈るのだが、神は沈黙するのみ。お前が棄教するなら、今捕まえている隠れキリシタンを解放してやると、言い渡されたロドリゴ。彼は、ついに、その申し出を受け入れるという話である。要約すれば、味もそっけもないが、こんな話だ。

棄教者いわゆる「ころびキリシタン」の話であるが、小説をよく読むと、宣教師たちが、日本に伝えているキリスト教がほんとうに伝わっているのか、疑問を持ち、苦しむところがある。そこからはじまった主人公の煩悶こそが、この小説の主題だと私は思っている。

自分が棄教をすることによって多くの人命が救えるというならば、自分が棄教してもよいというところに話は終結するけれども、この顚末《てんまつ》を、安易に信仰中心主義か、人間中心主義の選択の問題として読み取るのは、浅薄な読書だ、と思う。

遠藤周作『沈黙』の問いかけるもの

棄教して人命を救ったとして、それが自らのキリスト教の信仰とどう関わるのか、という深刻な信仰問題がそこにあるからだ。「神は沈黙したのだ」との解釈は、作者遠藤自身が自分にも、読者にも問いかけるものであろう。しかし、遠藤自身もその答えを出していない。最後は、主人公の棄教事件の史料の羅列で終わり、読者にはもやもや感だけが残る小説となっている。

その「もやもや」こそが大切で、遠藤にも、読者にも大きな課題が最後に提示される小説なのである。神はいるのだ。沈黙していたのだ、といっても、では、なぜ沈黙していたといえるのか。いや、神がいるならなぜ、主人公が棄教するまで言葉を発しなかったのか、ということについて、遠藤は結論を出していない。遠藤が書けなかったのか、書かないことで課題を残したのか、それも一切わからないのである。

恥ずかしい話だが、私は結末を読んだ時、夜中であったにもかかわらず、カトリック作家の若松英輔（1968―）に電話をかけてしまった。「これって、未完じゃん！」「皆、わかってるの、この結末で」と。近年、マーティン・スコセッシ監督によって映画化された『沈黙―サイレンス―』（2016年、パラマウント映画、2017年日本公開）は、この問題について、彼なりの解釈をしてエンディングしているが、それも一つの解釈案でしかないだろう。

殉教者を思う

私は、学生たちとマーティン・スコセッシ監督の映画を見たあと、手分けして三十本ほどの遠藤の『沈黙』に関わる論文を集めて、学生たちと読んでみたが、それこそ「泥沼」だった。納得できる考説など一つもなかった。

一方、私は、この日本にも多くの殉教者がいたことに思いを致し、その殉教者たちの重苦を考えた時、『沈黙』の結論とどう調和させるのか、思い悩んだ。実際に、遠藤の『沈黙』の結末に反発するカトリック信者も多い。遠藤周作、狐狸庵《こりあん》先生の自虐的ユーモアの奥にある宗教的相克の深みに、私ごときは、まだアプローチさえもできていないようだ。

遠藤の問いかけは、そのまま本書にも跳ね返ってくる。宗教対立は多くの不幸を生む。だから日本の習合思想はこの対立を回避する偉大なる思想となった。それこそが、聖徳太子の「十七条憲法」以来の和の精神だ（ただし、これは『日本書紀』が作った聖徳太子像にすぎないけれど）。そこまではよい。ところが、それでは、和することが宗教の目的になってしまうのではないか。そんなことで魂の救済などできるのか、などと考えてしまうのである。

日本仏教の英雄、聖徳太子の千四百年

近年、『日本書紀』の描く聖徳太子像は、後代の「捏造《ねつぞう》」に近いもので、そのほと

んどは没後に仏教経典によって作られた伝説にすぎないという考え方が示されている。しかも、この説を、鬼の首を取ったかのように、吹聴する人も多い。

伝説という考え方は正しいけれども、忘れてはならないことがある。それは、伝説であるがゆえに、むしろ聖徳太子信仰には日本仏教の神髄があるということである。

仏教とひと口にいっても、膨大な経典があり、その教えもさまざまである。アジア諸地域における仏教信仰も、地域ごとに異なる。日本には、日本の仏教がある。聖徳太子伝説は、日本の宗教風土のなかで形成された伝説なのである。和こそがすべてに優先するという風土の下で、聖徳太子伝説は作られているのである。ために、日本仏教の英雄、聖徳太子が和の化身なのである。別の言い方をすれば、日本製のお釈迦《しゃか》さんである。

日本人が、聖徳太子を好きなのではない。むしろ、逆だ。

聖徳太子伝説は、日本人の好む思想や価値観に基づいて作られている伝説なのである。忠と孝とに徹し、慈悲の心を持って他人に接し、対立を回避して、仲良く生きることを説く聖徳太子は、かくありたい理想の日本人像であり、かくありたい日本社会像なのである。私たちは、かくありたい自分を、聖徳太子に見ているのである。

皆仲良く、それはよいことだが、仲良くすることが宗教の目的ではないはずだ。自らの信じる宗教のために命を棄てた多くの殉教者たち。一方で、縁さえあれば何でも信じるという祖母や父、母の宗教観。情けないことに、私には、二つを同じ土俵で論じてよいかすらわからない。

何が「殺生」か

では、わが家の「何でも教」は、わが家独自のものか、というとそうでもなさそうである。わが家ほどの無節操な家庭は稀《まれ》だが、神社と寺院の総代の掛け持ちは、あちらこちらにあるようだ。むしろ、習合思想の背景にあるものに、もっともっと眼を向けるべきかもしれない。困った時の祖母頼みで、また祖母の行動から考えてみよう。

祖母は、朝夕、仏壇と神棚にお供え物をしていた。私がいやだったのは、仏さまに供えていたご飯を、炊きたてのご飯に混ぜることだった。ちょっと線香くさいこともあったし、何となく不潔な感じがして、いやだった。

一方、神棚の洗米は、一緒に炊くので、こちらの方は問題はなかった。祖母は、ケチだったのか。それだけでもないようだ。つまり、祖母はお供え物を無駄にしたくなかったのである。お下がりも、みんないただこうというわけだ。食物は、食べられてこそ、命をまっとうする。だから、食べないことこそ、一番の「殺生」だと考えていたのではないか――。

日本型宗教の基層にあるもの

では、仏壇に供えたお茶とお水はどうなったかというと、これもけっして流すことはなかった。どうしたかというと、勢いよく庭に撒かれたのである。呆《あき》れた私が、なぜそんなことをするのか、と聞いたのは当然である。祖母の答えは、
うちは、お仏壇で、ご先祖さまをお祀りしとるやろがね。しかし、たいね。祀られていない無縁仏もおるとよ。その無縁仏は、家のなかに入ってくることを遠慮しとるけん、庭におるとよ。撒くとは、少しでも、たくさんの無縁仏の口に、お茶が入るようにするためたいね。神棚の水を撒くとはね、祀り手のいない神さまにお供えするためたい。多くの神さまの口に、少しでも水が入るように撒くとばい。
というものであった。祖母は、勢いよくお茶と水を撒こうとするので、誤って洗濯物に引っかけることもあったし、うっかりと手が滑って茶碗を割ることもあったので、父も母も私も、やめてほしかった。もちろん、やめるようにお願いもした。
しかし、私たちのお願いを聞いてくれて、しばらくやめても、悪い夢を見たから、

これは、無縁仏さんたちがお茶を欲しがっている証拠だ、などと言って、また復活したのであった。つまり、祖母にとっては、お茶を撒くのも宗教儀礼なのだ。

今なら、私にも、祖母の行動を少しは、理解できる。それは一種の精霊信仰、自然崇拝のようなものなのだ。

庭に撒かれたお茶や水を飲むのは、どうも、ご先祖さま、氏神さま、井戸神さま、竈神《かまどがみ》さまとも違う神さまらしいのである。とにかく、祖母の眼には、たくさんの精霊のようなものが、見えるようなのだ。私には、日本型の宗教習合の基層に、自然崇拝や精霊信仰のようなものがあるような気がしてならないのである。

日本における精霊信仰と多神教

日本人の多神教の背景には、精霊信仰があって、この枠組みに入ってしまうと、どんな宗教も、「何でも教」になってしまうようなのだ。

日本における多神教とは、たくさんの神さまがいる宗教ではない。私は、無限に神が生まれ続ける文化構造のようなものだと考えている。

留学生を連れて、奈良県桜井市の三輪山に行くと、果てしない神学論争になることがある。「山が神と上野先生は言ったが、岩も神と言う。どちらが、ほんとうの神なのか」「ならば、森は、樹木は神か？」と。三輪さんにお参りすればわかるが、森も神だし、樹木も神だ。だから、樹木にも、岩（磐座《いわくら》）にも注連縄《しめなわ》をしているのである。そして、お山に入る人びとのなかには、自分個人が必ず祈る岩や木もあるようだ。つまり、本人が、その場に訪れて、ふと霊的なものを感じたら、崇拝の対象にもなるし、神が新しく生まれたことにもなるのである。したがって、崇拝対象も、神も、あらゆる時、あらゆる場所に出現するのである。

大切なのは、どこで、どう感じたか、ということだけなのである。祖母、父、母は、その一期一会の時場を「縁」と呼んでいたのではなかろうか。要するに、「縁」は何でもよいのだ。

物差しも神になったわが家

つまり、日本社会では、いかなるものでも、崇拝の対象になり得るのである（『古事記』『日本書紀』の神話では、吐瀉物《としゃぶつ》、屎《し》（大便）、尿も神になる）。

もちろん、これを揶揄する言葉もある。「鰯《いわし》の頭も信心から」という言葉だ。近畿では、節分行事の一つに、柊《ひいらぎ》の葉に鰯の頭を刺して玄関口に飾る習俗があるが、これは、柊の棘《とげ》と鰯の頭の臭気で、邪鬼の侵入を防ぐことを目的として行なわれる習俗だ。

ところが、その柊と鰯の頭を拝む人もいるのである。つまり、日本においては、崇拝対象は、崇拝する側が決めるものなのである。

暮になると、私たちの家では、福岡市郊外の糸島《いとしま》の農家からお餅が届いたが、お餅が届くと、祖母は最初にこんなことをした。だいたい、暮の二十八日くらいだった、と思う。床の間に、裁縫道具を並べ、その真ん中に物差しを立てかけるのである。

そして、物差しの前に、届いた小餅二つを重ね餅にして、お茶を供えて、お線香を焚いたように思う。並べる前には、お神酒を下ろし立ての布巾に含ませて拭いていた。たぶん、清めたつもりなのだろう。また、折れた針や曲がって使いものにならなくなった針を豆腐に刺して、こちらも床の間にお祀りしていた。

こうして、祖母は、一拝するのである。道具に対して一年間ありがとうございました、と語りかけながら。では、使い古しの針たちは、そのあとどうなったのか。頼まれて、私が庭に埋めていたのであった。祖母は、道具祀りのようなものの後片づけが終わってから、床の間に鏡餅を飾るのを常としていた。

なぜ、物差しを拝むのか

しかし、これには、いくら「何でも教」の父母も呆れていたように思う。私も、不思議でならなかった。けれども、民俗学を学ぶようになって、祖母の行為は「道具の年取り」という民俗の一つに分類されるものなのかぁ、と思うようになった。

　農家が、一年間世話になった農具や臼などを並べて祈る習俗があるが、その変型の一つかもしれない。つまり、大切にしている道具の正月を、人間の正月より先にするのだ。さらにいえば、和裁を習う人たちの針供養、書道をする人たちの筆供養、料理人の包丁供養から、独自にアレンジされたものかもしれない。

　なぜならば、祖母が若い時、お裁縫を習っていた先生の家で、暮れに集まって、そんなことをしていたと聞いたことがあるからである。そのあとお裁縫のお師匠さんに、全員でお礼を言って、お歳暮を渡していたのだそうだ。

　物差しが中心に据えられるのは、物差しは、裁縫の先生に弟子入りした日に、お師匠さんから貰うものだったからである。だから、物差しの裏には、貰った日と祖母の名前が墨書されていた。

　ちなみに、わが家では、和裁用の「さし」さらには物差しすべてを大切にしていた。おそらく、祖母が和裁を習ったこともあり、衣服に関わる商いを家業としていたからであろう。物差しを跨《また》ぐなんてもっての外だったし、物差しを人に渡す時は、一旦置いて受け取り手が受け取ることになっていた。これだけは、うるさく言われた記憶がある。

その理由は、わが家では、物差しというものは、お師匠さんが弟子に与えるものだから、手渡しできるのは師匠だけだと説明されていた。一方、物差しを壊したら、名前を変えなくてはならない、とも言っていた。これも同じ理由で、かつて習い事では、師匠が入門時に弟子に名前も与えていたからである。

「授かりもの」という考え方

だから、わが家では、物差しは自分で買ってはならないことになっていた。必ず、目上の人から貰うものと決まっていたのだ。

同じように、自分で買ってはならないものとして、お数珠《じゅず》があった。これも、目上の人から貰うものであった。要するに、物差しやお数珠は、師やお上からの授かりものなのだ。

ちなみに、物差しは、ものごとの基準を示すものなので、奈良時代においては、天

「紅牙撥鏤尺 甲」(正倉院宝物)。象牙を染めた一尺の物差し。儀式用に使われたといわれる(宮内庁提供)。

皇が臣下に対して物差しを授ける儀礼が、正月に行なわれていた。天下に、ものの基準を示すのは、皇帝、天皇の仕事だからだ。だから、奈良の正倉院には美しい物差しが多数保存されている。これらの尺は、天皇から下賜された、ないしはされるべき物差しである（「紅牙撥鏤尺《こうげばちるのしゃく》」正倉院宝物、北倉13）。したがって、実用品ではない。

そんなこともあって、年末の一日だけは、わが家では物差しを中心にして、裁縫道具をお祀りして、拝んでいたのである。

草木も成仏する日本仏教

結局のところ、日本社会では、崇拝対象は崇拝者が決めるので、鰯の頭でも、石でも、物差しでもよいということになる。そう考えると、それは仏像だってよいということにもなろう。もっといえば、私たちは、その存在を確かめることができないものも拝んでいる。それは、秘仏である。ほんとうに、そのお厨子《ずし》のなかに仏像があるか、どうかさえ、確かめる方法などとないのだ。

某有名寺院にお参りした折、私はふとこんなことを思った。このお寺の一番の崇拝対象の仏さんは、宝物館に行かねば対面できないのか、と。そして、崇拝対象になるよりも、美術品になる方が価値が高いのか、とも思った。ご本尊さまも、さぞやガラスケースのなかで、息苦しいことだ、と思う。

しかし、そういう見方は、皮相な見方なのかもしれない。日本仏教にも、すでに自然崇拝の要素が取り入れられ、草木も成仏するというからである。これは、平安時代の僧、安然《あんねん》（８４１―未詳、末木文美士《すえきふみひこ》説）から広まった考えであるという。一つの習合思想だ。中国の天台教学の教えを、よくいえば発展させ、悪くいえば歪曲して、草木も成仏すると説いたのである（末木文美士『草木成仏の思想―安然と日本人の自然観―』サンガ、２０１７年）。草木も仏さまなのだ。

レセプターとしての自然崇拝、精霊信仰

仏教であれ、儒教であれ、キリスト教であれ、それを受け入れるレセプター、いわば受け入れ機能の役割を果たすものが、日本にはあると思う。私は、それこそが自然崇拝、精霊信仰だと思う。

つまり、このレセプターを通すと、根っこがすべて同じになってしまい、神道も、仏教も、キリスト教も習合してしまうのである。いつの間にか、習合して、日本独自のものになってゆくのである。

南都すなわち奈良の寺院では、主に年末にお身拭《みぬ》いということをするが、お身拭い

の前に、仏像の「魂抜《たま》き」ということをする。つまり、魂を一旦抜くのだそうだ。そうしないと、仏さんを雑巾では拭けないというのである。そして、仏像を拭き上げてから、「魂入れ」ということをする。

つまり、仏像は魂の入れ物だということだ。これなどは、一つの自然崇拝であり、モノにはモノごとに精霊がいるとする精霊信仰だ。ならば、意地悪な言い方となるが、魂の入れ物は、石ころでもよいはずだ。

とある仏教宗派の宗教者が、お身拭いの魂抜き、魂入れの儀礼を批判したことがあった。この偶像崇拝と自然崇拝の融合を「真の宗教にあらず」と軽蔑《けいべつ》を含んだ批判をしたのである。しかし、私は、日本人の感覚からすれば、あたりまえだ、と思う。私は、そういう感覚を大切にしなかったら、仏教は、この日本という国に根づかなかったと思うのだが――。

日本人の聖地観

すでに述べてきたように、日本の多神教は、とめどなく神が生まれ続ける宗教である。人も山川草木も、神であるわけだから、この日本は、神々で満ちあふれる世界なのである。つまり、あらゆる事物が神となる性質、仏となる性質を持っているのである。それは、事物に必ず備わっている神性と仏性によるものと理解されてきた。

一方、生まれ出ずる神々は、自然淘汰されるので、とめどなく神が生まれ、またたくまに神が消えてゆくのが、多神教社会ということにもなる。ということは、いかなる土地も、聖地になり得ることになる。こういう社会で大切なのは、神仏に対する知識や教義などではない。その場を尊いと思う感性そのものである、といえよう。また、尊いと思った瞬間に、いかなる土地も聖地となるのである。日本人にとっての巡礼とは、そういう神仏たちを路傍に発見することにあった、と思う。旅先で神性を感じ取ったところが、その人にとっては、聖地なのである。

聖地と神仏を結びつける伝承

家には家の神がおり、村には村の神がおり、個人には個人の神がいるのである。そして、聖地もまたそれぞれにあるのだ。大切なのは、そこでどう感じたか、ということなのだから、日本列島中に、聖地が満ちあふれることになる。一方、その聖地についても、優勝劣敗の自然淘汰が起こって、一大聖地ができてゆくのである。伊勢、高野山、恐山、各地の地獄などなど。聖地も競争なのだ。聖地も、また格づけされてゆくのである。

では、聖地の格づけ競争で、重要なポイントは何なのだろうか。一つは、風光明媚《ふうこうめいび》なところであることはいうまでもない。次に大切なのは、その土地にまつわる物語である。伊勢はどうして、天皇の祖先の神を祀る土地になったのか、どうして選ばれたのかという物語がある。よい土地を見つけるために、諸国を流浪した女神の物語だ。高野山には、なぜ弘法大師がこの地に金剛峯寺《こんごうぶじ》を創建するに至ったのかという物語があり、もともといた神からその土地を譲ってもらう話になっている。こういった伝えを、研究者は、神社では鎮座伝承、寺院では開基伝承と呼ぶ。つまり、鎮座伝承、開基伝承は、土地と神仏を結びつける伝承なのである。

しかし、格付け競争よりも大切なのは、やはり、その場所を一人ひとりが聖地と実感できることだろう。

西行の涙

つまり、一人ひとりに聖地があって良いのだ。それは、理屈ではない。西行に、こんな歌がある。

太神宮御祭日《だいじんぐうごさいじつ》よめるとあり

何事《なにごと》の　おはしますをば　しらねども　かたじけなさに　涙《なみだ》こぼるる

（『新編国歌大観第三巻　私歌集編Ⅰ　家集』角川書店、１９８５年）

この歌は、『西行法師家集』の板本《はんぽん》（版木を刷って作った本）のみに見える三首のうちの一首で、西行の歌というより、西行の歌として伝わっていた歌と見る方がよいだろう。伊勢の太神宮に詣で、どのような神さまがいて、どのようなお祭りが行なわれているのか、私などにはわからないけれども、そのありがたさに、ただただ涙があふれるのみ、という歌である。

当該歌について、自らが拝む神仏の名も知らぬのは、信仰の名に価しないと、この歌の示す心の持ちようを厳しく批判している宗教家たちもいる。が、しかし。私は、そのような批判はあたっていない、と思う。そういう批判こそ、近代合理主義の悪しき産物ではないのか？　尊いと思うものを、それぞれが尊いと感じればよい、というのが日本型の宗教ではないのか？　その地に立って、神、仏を感じれば、それでよい、というのが、日本型の宗教なのである。極言すれば、経典も教理も、一切いらないのである。ご本尊についても、ご祭神についても、知らなくてよいのである。

西行は、この地が伊勢であって、尊い神が祀られていることは知っていたことだろう。しかし、それはあくまでも知識レベルのことであって、この地にやって来て、その尊さをはじめて実感したのである。自らが実感することによって、はじめて伊勢は西行自身の聖地になったと見るべきなのである。つまり、知識よりも、自らの感覚の方を信ずるという認識が、この歌には示されている、といえるのである。

つまり、日本人にとっての聖地とは、一期一会で、ひとりひとりが発見してゆくものなのだ。

感じることだけが大切な宗教

『万葉集』にも、こんな歌がある。

古《いにしへ》の　事《こと》は知《し》らぬを　我《われ》見《み》ても　久《ひさ》しくなりぬ　天《あめ》の香具山《かぐやま》

（巻七の一〇九六）

「いにしえのことなど知らないが……そんな私が見はじめてから、時間は久しく過ぎ去った――天の香具山」という歌である。

香具山は神話の舞台であり、古い歴史を持った山である。しかし、私は、その神話

神話の舞台のひとつ香具山（奈良県橿原市）。撮影／桑原英文

や歴史を知らない。そんな私でも、悠久の歴史は感じ取れる、というのだ。

では、作者は、なぜ感慨にふけっているのだろうか。それは、長い歴史に比べてみれば、自分が香具山を見た時間などほんの一瞬にすぎない。しかし、私は、香具山を見はじめてからの時間を今は長く感じてしまっている、という点に感動しているのである。「久しくなりぬ」には、そういう個人の感慨を読み取ることができるのである。

歴史とは、本来、知識のはずなのだが、知識がなくてもわかるというのだ。つまり、知識より、感ずることの方が大切だというのだ。日本型の宗教は、どこまで行っても、個人の実感に由来するのである。

とめどなく生まれ、消えてゆく神々。そ

の小さき神々（精霊）の存在を感じ取ることを重視する姿勢にこそ、日本的な宗教の感性があるのだと私は考えている。

日本型宗教における「修行」

掃除、洗濯や、調理のような日常の仕事に心血を注ぐ生き方は、小さき神々を生活のなかに発見しようとする精神から生まれてくるものなのである。日本型の宗教における「修行」「行」とは、その多くは、掃除や洗濯、時には調理なのである。僧侶や神職の養成課程で重要視されるのはまず掃除。そして調理だ。加えれば、早寝、早起きか。ならば、これらを取り立てて「行」「修行」ということもあるまい。それは、好ましい日常生活でしかなかろう。取り立てて、それが宗教的生活というわけでもあるまい。

しかし、そういう一見瑣末《さまつ》とも思える修行に対して、入門者、入信者、帰依者が不平を述べれば、いったいどうなるだろうか。多くの場合、次のように説諭されるであろう。日常の作務や神明奉仕ができない者に、何ができるのか、と。まず大切なのは、掃除と調理、洗濯である、と。神仏は細部に宿りたまうとともに、日常の行動にも宿りたまうのである。それが「行」なのだ。日本の宗教者は、学の人ではなく、いわば行の人なのである。いくら学問ができても、行をともなわなければ尊敬されないのである。

私がこんなことを考えたのには、わけがある。とある留学生と話していた時のことだ。彼は、新幹線車両の掃除の様子を見て、何かに取《と》り憑《つ》かれたように一心不乱に働く姿は、まるで宗教者の祈りに似ていると私に話してくれたことがあった。細かく号車ごとに分担が定められ、時間内に塵《ちり》一つ残さずに掃除がなされてゆく、あの新幹線の掃除の場面だ。無駄のない定められた動作、そして真剣な眼差し。留学生の話を聞いてからというもの、かの新幹線の掃除の場は、清掃員の一人ひとりにとっては、神仏の宿る聖地になっているのではないかと、私には思えてきた。あの祈るような眼差しは、いったいどこから来るのであろうか。留学生の言葉を聞いて以来、私は、新幹線の掃除を見ると、合掌したくなるし、寄る年波で涙もろくなったせいか、泣いてしまうこともある。

日本において労働者は求道者である

最近、私は、あの新幹線の清掃員の祈るような眼差しの秘密を解く鍵を手に入れることができた。寺西重郎『経済行動と宗教―日本経済システムの誕生―』という本を読んだからである（勁草書房、２０１４年）。寺西は、モノ作りに心血を注ぐ日本型の経済システムの核にあるものを、「世俗的な求道《ぐどう》主義」と捉えて、次のように議論を展開している。「世俗的求道主義」とは、日々の生活のなかで、宗教的な道を求める考え方である。

修行に修行を重ねて、寿司を握る職人。カイゼンにカイゼンを重ねて、不良品を出さない自動車工場。これは、労働者というより、求道者だ。難行や複雑な教義理解によらず、あるがままに人は仏になるのだという天台本覚《てんだいほんがく》思想が広がるとともに、日本仏教は難行、苦行の仏教から易行（易しい行）の仏教に変化した。

天台本覚思想とは、人間はこの世界に存在した時から、仏になることができる性質すなわち「仏性」を持っているという思想である。この考えに立てば、仏性を獲得するための難行苦行などする必要はない。いかなる者も、仏になれるのだから、世俗をきちんと生きていればよいことになる。それは、調理でも、掃除でもよいことになる。そこから、むしろ日々の生活をよりよいものに磨き上げる世俗的な求道精神が生まれたというのである。

法然《ほうねん》や親鸞《しんらん》の鎌倉新仏教は、この天台本覚思想から生まれたものである。本来、人は仏さんなんだから、出家も修行もいらん。一生懸命、仕事に励めばよい、というのである。そうでなくては、民衆に仏教は広まらない。つまり、鎌倉新仏教は、難行苦行をしない仏教なのである。易しい行。すなわち、易行でよいのだ。

鎌倉新仏教は、自ら易行化することによって、民衆のなかに入るとともに、生活そのものを「行」とする求道精神が広がったのであった。

モノ作り日本の思想

こういった世俗的求道主義においては、茶筅《ちゃせん》職人は、よい茶筅を作ることこそが修行であり、鍛冶《かじ》職人は、よい鍬《くわ》を作ることこそが修行なのである。では、その技を評価する人は誰かといえば、消費者ということになる。つまり、お客さまは神さまなのであり、神の喜びたまうモノを作ることに、心血を注ぐ倫理観が生まれたというのである。ドイツの社会学者、マックス・ウェーバーの『プロテスタンティズムの倫理と資本主義の精神』（1905年）の日本版だ。アメリカの宗教社会学者ロバート・ベラーが『徳川時代の宗教』（池田昭訳、1996年、岩波書店）で指摘したことをさらに遡《さかのぼ》らせて、中世に起源を求める労作である。

金や名誉のためのモノ作りではなく、求道のためのモノ作りの起源を、中世における仏教の易行化と、世俗的な求道主義の浸透に求める卓論といえよう。

私は、寺西の本を読んで、大台本覚思想を始発点とした仏教の易行化、さらには世俗的求道主義の普及を可能にしたものは何だったのか、と自分なりに考えてみた。私は、あらゆるものが神格化され、あらゆる場所が聖地となる宗教風土があればこそ、そういった精神が生まれた、と考えるに至った。ひたすら掃除の技を磨き、秒単位で働く清掃員の眼差しを見ると、あの新幹線の車両も、時に聖地になるのだ、と思ったのであった。やはり、日本人にとっての聖地とは、一人ひとりが生活のなかに見出すものなのである。そして、自動車を作ることも、ケーキを作ることも、日本人にとっては、修行なのだ。

神仏習合、神仏分離、そして「神仏以前」

仏教以前の信仰を源としながらも、宮廷における祭祀や儀礼の影響を強く受けつつ、中世以降は『古事記』『日本書紀』を聖典としながら発展した神道《しんとう》。仏陀《ぶつだ》の行動を記録した経典類と、東アジアの諸地域で行なわれていた宗教儀礼を伝播することによって、東アジア文化圏でもっとも大きな宗教となった仏教。孔子、孟子の言行録を聖典としつつ、学問のかたちを取りながら、人びとの倫理観に大きな影響を与えた宗教としての儒教。

一方で儒教には、聖人を祀る廟《びょう》の祭祀儀礼が存在していたことも忘れてはならない。ところが、そういう諸宗教が、自然崇拝、精霊信仰をレセプターとして日本社会に根付いていったというのが、私の考え方だ。ただし、仲良く習合してゆく諸宗教も、時代の要請で、独自性を主張して、純化を目指して、習合状態から分離する場合もあった。

まず、日本人が自国の神々を意識するのは、物部《もののべ》氏と蘇我《そが》氏の争論（587年「丁《てい》未《び》の乱」）以来、仏教と対峙する時であった、と思う。つまり、日本の神々は、仏教を通して認識されるに至ったのだ。仏教は、東アジアに広く広まったグローバルな宗教であったがために、日本を強く意識する時

●蘇我氏、物部氏の崇仏争論の構図

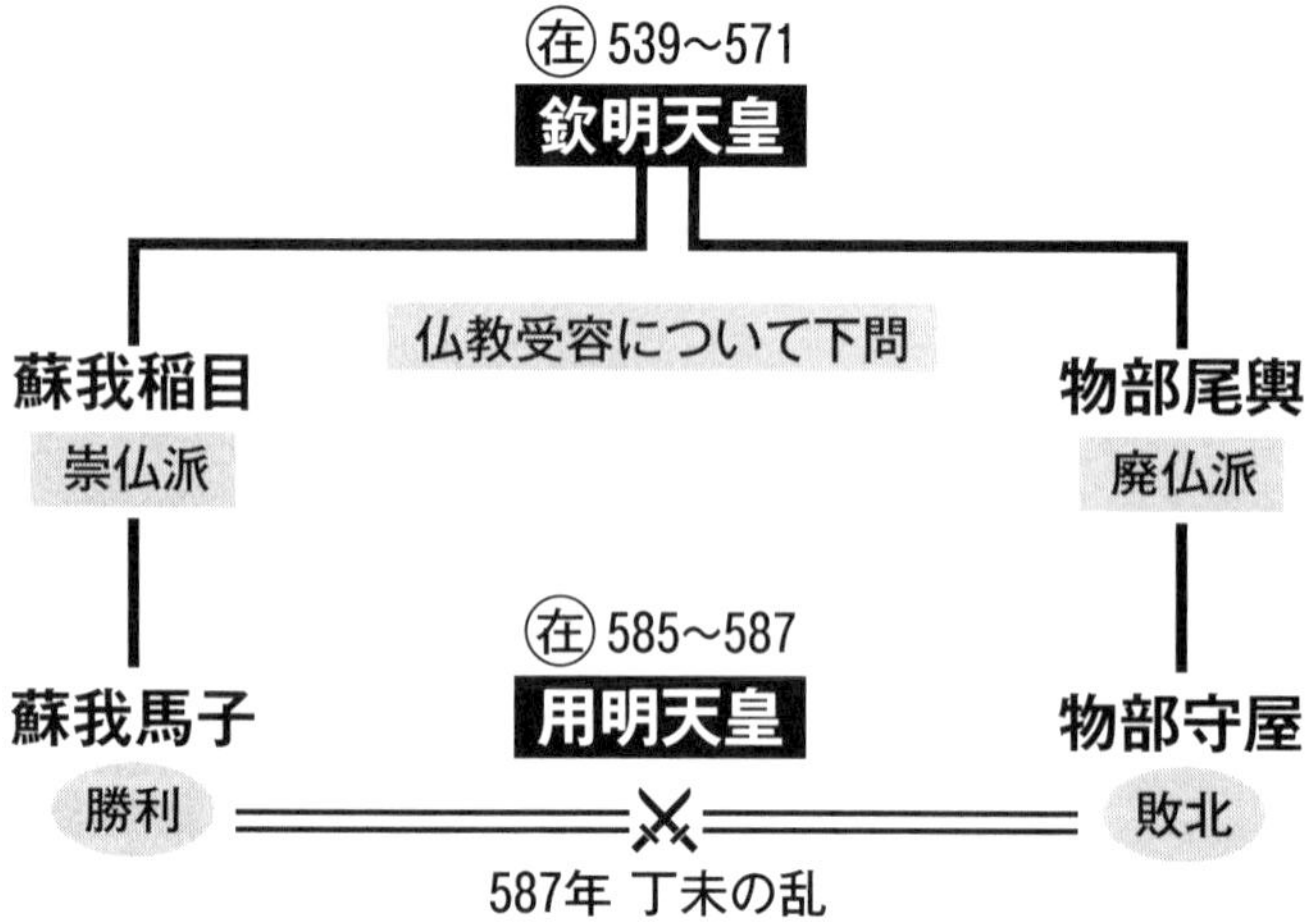

は、日本の神々が強く意識されたのである。

山上憶良は、熱心な仏教信仰者であったと思われるが、こと遣唐使の安全を祈る場合においてのみ、日本の神々を強く意識している（『万葉集』巻五の八九四〜八九六、好去好来歌《こうきょこうらいか》）。光明《こうみょう》皇后も同じである（『万葉集』巻十九の四二四〇）。

それを、時代で見ると、

六世紀以前　神仏以前
八世紀以降　神仏習合
十九世紀以降　神仏分離

ということになるが、実際には仏教やキリスト教と対峙する時には、日本の神々が強く意識されたのであった。

文化の純化などできない

こういった構造のなかで、西洋列強の圧力を強く感じた幕末の知識人たちも、強く日本の神々を意識した。これが、いわゆる国学運動である。彼らは、中国文化浸透以前の日本、仏教浸透以前の日本的なるものを希求したので、いわゆる廃仏《はいぶつ》毀釈《きしゃく》、神仏分離が明治初年に進むこととなる。この考え方の基底には、中国文化以前、仏教以前に、日本文化の源流を求めようとする純化の考え方がある。

もちろん、当該の考え方にも一理あるのだが、中国文化の影響を受けなかった時代など存在しないので、むしろ、中国文化や仏教文化の受け入れ方にこそ、日本文化の特性が表れやすい、と私などは考えている。

なかなか、文化の純化ということは難しいものである。私は、国民文化として、英国文化も、フランス文化も、ドイツ文化も、アメリカ文化も存在している、と思う。が、しかし。それらを純化してゆくことは、到底不可能だと私は考えている。

一方、宗教や文化の純化を求める力学が、歴史のなかで、時として強く働く場合もあることを、われわれは忘れてはならない。そして、文化の純化が、文化の異なる他者への攻撃に繋がることがあることも、胆に銘じておくべきである。

というわけで、私は、日本の宗教史を、神仏以前（六世紀以前）、神仏習合（八世紀以降）、神仏分離（十九世紀以降）の三つに分けることを提案したい、と思う。私が神仏以前とここでいうのは、仏教が導入される前のことである。

つまり、日本の神々も意識されなかった時代ということができる。ただし、私たちは、意識の上では、神仏を習合させて考えることも、分離して考えることもしている、と思う。

私の心に継承された祖母の信仰

ある時代まで、私はわが家の「何でも教」の胡散《うさん》臭さが大嫌いだった。ところが、今は、むしろこういった信仰のありようこそが、日本型の習合宗教の好例だと思いはじめた。

私は、現在、精霊がいるからといって庭にお茶を撒かないし、物差しと使い古しの針を拝んだりもしない。それでも、私は祖母、さらに父と母から、一つの宗教的感覚のようなものを受け継いでいる、と思う。たとえば、食物を残すことを極端に嫌がるのも、その一つであろう。食べずに捨てることこそ、最大の「殺生」だと思ってしまう（ただし、私が肥満体なのは、克己心がないからだ）。

もう一つ、体に密着したことがあるモノを、なかなか棄てることができない。下着から布巾、ハンカチ。さらには、携帯電話やスマートフォンもそうだ。これは、祖母の裁縫道具のお祀りの影響を受けてしまった、と思う。ことに、鉛筆と紙がなかなか捨てられない――。私は、鉛筆で原稿を書いているけれども、三センチほどになるまで使い込んだ鉛筆をも、なかなか捨てられない。また、裏が白紙のままの紙を捨てることは、私にとっては、犯罪だ。説明しにくい感覚なのだけれども、やはり、モノそのものの精霊のようなものを感じているからだろう。最後まで使わないと、そのモノに対して、失礼だと思ってしまうのである。まぁ、考えてみれば、紙と鉛筆がないと原稿も書けないから、神さまなのだろう。

ちなみに、親しい友人には、裏紙に毛筆で手紙を書いている。体に触れたものでないと、思いの丈が相手に伝わらない、と無意識のうちに思っているから、いまだに手書きなのだ。そんなわけで、手紙は年間、年賀状を除き千通以上出しているはずである。パソコンからメールを打てば済むものを、まったくもって、効率の悪いことこの上ない。私の心のどこかに、モノに対する精霊信仰、自然信仰のようなものが残ってしまっているからであろう。それは、小商人の節約精神とも違うものだ。私は、靴や鉛筆を捨てる時に、人の見ていないところで、さっと合掌してから、そっと捨てる。恥ずかしい話だが、そうせずにはいられないのである。

感じる宗教

日本の宗教文化の基層にある自然崇拝や精霊信仰においては、崇拝対象も聖地も、個々の崇拝者が決めるものである。一期一会で、そこで何を感ずるかだけが大切だからである。その神仏との一期一会を、私の家族たちは「縁」といっていたようなのである。

では、私は、その「感じる宗教」をどのように理解しているのか。私は「感じる宗教」を、次の四つに分けて理解している。

①　モノや場から感じる宗教
②　儀礼や建築物、音楽から感じる宗教
③　人から感じる宗教
④　文字から感じる宗教

の四つである。①のモノや場から感じる宗教は、まさしく祖母の道具信仰のようなものである。聖地に対する思い入れも入るだろう。②もきわめて重要である。なぜならば、儀礼や建築物、音楽は、言語を媒介としないので、言葉の壁を越えて、より広い人びとの心を一つにできるからである。素朴な神社建築も、壮麗な廟や寺院も、祝詞《のりと》、読経、声明、グレゴリオ聖歌も、日本人にとっては、何かを感じる「縁」の一つでしかないけれど。③は、神職、僧侶、神父などの身振り、言葉などに表れる人格やオーラに宗教性を感じることも「縁」となる。日本の禅は、この宗教的人格形成に重きを置いた仏教だ、と私は考えている。④のように、文字によって記された経典によって感じるということも、当然あると思う（むしろ、近代において宗教といえば④だ）。

「宗教心」と「信心」との違い

が、しかし。文字から感じる宗教にはさまざまなレベルがあることも事実である。なぜならば、④は知識の宗教だからである。したがって、相当の学力がいるのだ。知識人でなければ、無理だ。仏陀の教えをパーリー語やサンスクリット語の経典から学ぶか、漢訳された仏典から学ぶか、ということになると大変だろう。神道とて、『古事記』や『日本書紀』を読むためには、八世紀の日本語と中国語に対する知識がいるのは、いうまでもない。ラテン語とギリシャ語がわからないとキリスト教者になれないのか、ということもあろう。だから、多くの場合は、神職、僧侶、神父などが、そこにいる人びとの知識量に合わせて、経典を説くしかないのである。したがって、④は知識人のみの宗教ということになってしまうという憾《うら》みが常にあるのだ。

近代の神道が、④に重きを置きすぎていることとは、柳田國男や折口信夫（１８８７―１９５３）が批判したところであり、近代仏教の知識偏重を批判したのは、仏教民俗学者の五来重《ごらいしげる》（１９０８―１９９３）であった。ただ、私は、④の知識人の宗教というものが①②③にも繋がっていると思うので、④をあながち全否定はしない。知識人が正確に経典類を読み、その宗教世界に触れて、人格形成し、その人の言葉を通して宗教に親しむ人びとも多いからである。ただし、わが家のように庭にお茶を撒いたり、物差しを拝む信仰や宗教感覚も、私は大切にしてゆきたい、と思う（①）。

以上が、私の考える「感じる宗教」の四類型なのだが、一つだけ蛇足を述べたい。④の『聖書』や『コーラン』などの聖典学習を一生続けるかたちで宗教心を培うというタイプの宗教は、日本では根づきにくい、と私は思っている。「南無阿弥陀仏」のひと言なら可能かもしれないが。この蛇足から考えてみれば、日本人で宗教心があるという人は、ほんのわずかではないか、と思う。

が、しかし。宗教心はなくても、信心のある人ならたくさんいる、と思う。特定の宗教を心の底から理解している宗教心のある人と、神仏、宗教を問わず信仰する信心深い人とは、まったく違うのだ。「信心のある」とは、神仏を常に感じようとすることだと、私は考えている。

祖母、父、母は「何でも教」信者で、縁があればどのような崇拝対象も信仰する人びとであった。そして祖母は、その行動のどこかに、自然崇拝や精霊信仰の名残りを留める人であった、とも思う。

対して、私は、ようやく今、父、母、祖母の行動を、宗教に対する一つの知恵として、理解できるようになった。あなたたちは、宗教心のある人ではないけれど、信心深い人たちだったのですね、と。

第四章

政治の知恵

大愚のリーダーを求める気質と「原恩主義」

〈ハラキリ〉として世界にも知られる切腹の
裏に隠された思想とは?

日本人は実は働き者ではない

在日四十年を越えるこの人と話していると、アメリカ国籍の人なのだが、国籍や背負っている文化のことを忘れてしまう。そんな友人がいる。多国籍企業の日本法人の社長をしている人だ。彼が、よく酒席で言うジョークがある。彼は、わざと下手な日本語にして、こう言う。

日本人は、働き者とアメリカでは聞いていましたが、日本に来てすぐに、働き者でないということがわかりました。日本人は、まったく働きません。会社に来たら、会議ばかりしています。会議の前は、会議を円滑に進めるための相談をしています。ですから、会議だけして、仕事をしない人です。では、誰が仕事をしているのでしょうか。下請け会社の人です。でも、下請け会社でも、会議ばかりです。では、孫請け会社の……。誰も仕事していません――。

この人は、日本の会議の長さを皮肉っている。たしかに、私も大学という組織の一員だが、会議と会議のための相談ばかりやっているような気がする。ほんとうは、研究と教育に没頭すべきなのだが。

日本の会議が長い理由

では、なぜ日本の会議は、かくも長いのか。それは、全会一致を基本としているからである。また、経営者や上層部が決定してよいことも、議題にするから長くなる。私たちは、規約上、必要な場合に限って多数決をするが、それ以外は多数決などしない。多数決など、日本社会では、野蛮な行為なのである。

では、どうするかというと、反対者が一人も出ないように、根回しして相談して、説得してゆくのである。だから、日本の会議で一番よい状態とは、一人も反対者が出ない状態なのである。

なのになぜ、会議は長くなるのだろうか。それは、提案者の側が、先に反対者や反対勢力の意見を十分に忖度《そんたく》した上で、反対意見に考慮しながら説明しようとするからである。

　この点につきましては、すでに多くの方々からお叱りを受けておりますが、諸般の事情を考慮いたしますと、何卒、原案通り、ご承認を賜りたく……。

これに対して、反対者の側も、提案の主旨はよくわかるけれどもと言いながら、提案者に配慮しつつ意見を述べるので、まどろっこしいことこの上ないのだ。しかも、提案者の側は、反対者の顔を立てて、なるべく長く審議時間を取ろうとする傾向がある。これでは、会議が長くなるはずだ。そして、議案に賛成した人にも、反対した人にも、不満が残ってゆくのが、日本の組織なのである。

会議は議論の場ではない

公の場で議論をすれば、立場が明確になってしまう。したがって、公の場では、議論をせず、「けが人」を出さないというのが、日本の会議なのである。日本における会議とは、多数側が少数者に配慮を示す場なのだ。

天正《てんしょう》十八年（1590）に行なわれた駿河国小田原城での戦国大名北条氏の会議

小田原城址銅門内に再現された小田原評定。中央が北条氏政。
写真提供／小田原城総合管理事務所

を、「小田原評定」という。籠城か出撃か、降伏か決戦か結論を出せなかった会議だ。このことから後の時代に、長い間会議しても、方向性が定まらない会議のことを、否定的に「小田原評定」というようになった。

しかし、考えなければならないのは、戦国大名北条氏には、評定衆という有力者家臣団の会議があり、合議によって意思決定がなされていたということである。つまり、独裁ではなかったのだ。

一方、「小山《おやま》評定」という言葉がある。慶長《けいちょう》五年（1600）に、進軍中の家康家臣団が、現在の栃木県小山市で行なった会議である。この会議によって、上杉景勝討伐を中止して、一致団結して石田三成軍を討つことが決せられたのである。

これは大きな決断で、関ヶ原において、この会議に基づいて東軍西軍の戦いが行なわれることになったのである。以上の事実から、大きな決断を下した会議のことを、「小山評定」と呼ぶのである。

「小田原評定」も、「小山評定」も、和製の故事成語だ。したがって、そのまま歴史的事実というわけではない。事前に根回しができず、紛糾して意思決定できなかった会議のことを「小田原評定」といい、根回しができて、意思決定ができた成功例を「小山評定」というと考えればよい。

よく、ほとんど質疑のない「シャンシャン大会」は、自由な討論ができないからよくない、という人がいるが、それは大間違いである。なぜならば、総会の時に紛糾するようでは、何も決定はできないからである。

自由民主党の意思決定機関である総務会は、全会一致が原則で、議題に反対する総務がいる場合は、反対意見陳述の上で、退席するという慣例があるという。実際には、いろいろなケースがあるだろうが、日本の会議では、全会一致が原則なのである。

長い会議の効用

しかし、一方で、配慮のためにやたら長くなる会議と、決められない政治にも、良い点はある。そこには、少数意見を掬《すく》い上げるという役割があるからだ。つまり、日本の会議は、少数意見を聞く場であり、妥協点を見つける場でもあるのだ。

ある時、元国会議員の米津等史《よねつひとし》（1959―）から、こんな話を聞いた。日本の政治家の大きな仕事は、いわば「落としどころ」を見つける点にある、と。つまり、少数の反対者も、しぶしぶ同意できる「落としどころ」を探す、というところに政治の要諦があるようなのである。

このような会議やリーダーのあり方は、非能率的ではあるけれども、ある意味、権力の暴走を止めるという役割を担っている。効果的な政策というものは、効果があればあるほど、副作用も大きく、一部の知的エリートの突出した政策が常によい結果をもたらすというものでもない。日本型の会議には、そういう特性があるのだということを、私は米津さんの話から学んだ。

日本型民主主義には多数決などない

もちろん、規則上は全会一致でなくてもよいはずだが、提案者は全会一致を目指し、反対者も反対者で、最後は全会一致に従うけれども、意見は意見として言ってから、しぶしぶ提案に従うというかたちを取ろうとする。だから会議はいきおい長くなってしまうのである。もちろん、多数決をすればよいのだろうが、多数決の話となると、必ずこういう結論になる。

多数決で、強行突破してもよいけれど、そうすると「しこり」が残って、あとがやりにくいからなぁ……。やはり、多数決はダメだ。

ここでいう「しこり」とは、ひと言でいえば、人間関係の悪化のことである。つまり、人間関係が悪くなると、何ごともうまくゆかなくなるということなのだ。組織よりも、組織内の人間関係の方が、この場合は、優先されるのである。

日本では、もし、多数決に持ち込んで議案が否決されてしまった場合は、審議者との信頼関係がなくなってしまったということで、執行部は総退陣か、脱会することになる。逆に、議案が多数決によって可決されたあとに、反対側が辞任したり、脱会することもよくある。

たしかに、日本は、和の国である。しかし、そこが問題なのだ。逆にいえば、和がないと、組織が機能しない国なのである。和を重んずるがゆえに、憎しみ合うことになってしまうのである。こういった理由から、なるべく多数決を行なうことなく、対立を表面化させずに、議事を進めてゆこうとするのだ。

つまり、すべてにおいて、和が優先されるのである。

互敬の国、日本

なぜ、多数決を極力避けるのか。それは、「互敬」という考え方が、その底にあるからだと思う（「互恵」ではない）。私のいう「互敬」とは、互いに敬い合うということである。立場を越えて敬うのである。88頁で述べたように、日本には絶対的な契約思想がないので、善／悪や上／下の関係が、常に相対的なのである。ジャンケンとコイン投げの話をしたが、ジャンケンの国、日本には、絶対者などいないのである。思い出してほしい。ここ日本は、すべてのモノに魂が宿る国、精霊がいる国なのである。だから、すべての人に、人としての人格と、神としての神格（神としての性格）があるから、互いに敬い合うということを前提に、組織が運営されるのである。

モノにも精霊がいるわけだから、人に霊性があって、神性があるのも当然である。が、しかし。そこが問題なのだ。互敬の国にあっては、相手が自分を敬わないと、人間関係が一瞬にして破綻《はたん》してしまうのである。互いに敬い合うということが前提の社会では、相手の顔を潰すと、人間関係の修復など、まったくもって不可能なのだ。

「あいつより俺の席の方が下なのか」

「会議の前に、俺には事前の相談もなかった」

「この組織で功績のある俺を差し置いて」

と、至るところに地雷が埋め込まれているのだ。私の知っている例で、驚いたのは、以下の例だ。「会議で資料を配布するのに、俺より前に目下のAに資料を配った」というので大変だった。見ていたが、それは数秒の差だった、と思う。しかし、数秒の違いが大切なのだ。

「しぶしぶ」と「しょうがない」で進む会議

もちろん、組織内に深刻な対立が生じている場合だってあるはずだ。そういう場合は、どうするのだろうか。村の主という人は、深刻な対立が生まれそうになると、とにかく話し合いに時間をかけるのである。意図的に時間切れを狙うことも、いたって多い。数日、数か月かけて、審議者が疲れ果てるのを待つのである。その間、審議者は、何度も何度も食事をすることになり、夜ともなれば酒も飲むことになる。

そうして、意見の異なる二派の間にたとえ合意が形成されなくても、少なくとも、対立している人びとの意見を互いによく聞いて、互いに知っているという状態を作り上げてゆくのである。そうして、最後は、「しぶしぶ」と「しょうがないね」というキーワードで、寄り合いは終わるのを常とするのだ。

いろいろ、ご不満もあろうかと思いますが、ここは、一つ私の顔を立ててください。どうか、よろしく、お願いします。

と村の主が頭を下げたら、寄り合いは、そろそろ終わりだというサインだ。反対派は、「そう言われるとしょうがありませんね」と言って、「しぶしぶ」同意しなくてはならないのである。たとえ村の主が強権をもって決定することができたとしても、それをしないのが、和の国のルールなのである。こうして、賛成者も反対者も、「しょうがないね」ということになって、決定が下されることになるのである。しかし、結論だけを見れば、全会一致ということになるから不思議だ。

玉虫色の決着

時間切れまでやって、反対者もしぶしぶ同意するというかたちすら取れない時は、どうするか。その時の方法も、ちゃんと用意されている。それは、村の主への一任というやり方だ。

ここまで、長々と議論してきたのだから、最終的な結論は、村主に一任しましょうじゃありませんか。もう、ここは、互いに恨みっこなしで。

では、村の主というものは、独断してよいか、というと、そういうことはない。議論の流れを見て、十分に反対派に配慮して、なるべく勝負がつかないかたちで、結論を出すのである。だから、結論が、両派に都合よく見えるようにするのである。これが、「玉虫色の決着」というやつだ。この話を自民党のとある代議士にしたところ、自民党の部会なんて、みんなこんなもんですと話をしていた。私たちが、互いに笑ったのはいうまでもない。

村の寄り合いというものは、長い時間をかけるものであり、外から見ると世間話に終始しているように見えるが、その寄り合いにいて、互いの話を聞いていることが大切なのだということは、宮本常一（1907—1981）、高取正男（1926—1981）などの民俗学者たちが異口同音に述べてきたところである。

長い長い、それでも決まらない会議を繰り返し、会議が終わるごとに、やれ一杯とやっていた日本の会議についても、変化の兆しがある。理由は二つある。一つは、日本人の多くが国際会議を経験してきたことで、変化してきたようだ。東京五輪・パラリンピック組織委員会をめぐる決められない混乱は、ある意味で、長老支配となっている日本の会議の終焉を指しているのかもしれない。日本的論理だけでは、もう国際的に通用しないのだ。

もう一つは、コロナ禍のなかで、リモート会議が多くなり、日本人の会議文化も「義務」「権利」「権限」に基づくものに変化し、決められる会議に変わって行く可能性がある。リモートの場合、決めないと話が前に進まない。

あの「だらだら」会議がなくなるのはよいことだが、そうすると人間関係も、「義務」「権利」「権限」に基づくものになって行くだろう。私は、日本の会議も変わらなければならないと思うが、変化を知って逆に「だらだら」会議にノスタルジーも感じる。「だらだら」にも、意味があると思うので。

けれどもこういった会議運営では、大きな改革は難しいし、迅速な判断を下すこともできない。また、リーダーのリーダーシップというものも、発揮されにくい。しかし、これが日本流の会議なのである。

日本のお願い文化

第一、日本のリーダーとは、もともとリーダーシップを発揮する人ではないようだ。これは、危機対応にも表れている。二〇二〇年のコロナ禍では、首相をはじめとするリーダーたちは、じつは、お願いをする側だったのである。命を下す側ではなかったのである。しかし、なぜか、第一波は食い止めることができた。

じつは、私は四月のはじめに、第一波の鎮静化成功を確信していた。というのは、次の二つの経験をしたからだ。一つ目の経験は、うっかりマスクを忘れて外出した時のことだ。電車に乗って、突き刺さる視線を感じた。いたたまれなくなって、一駅で降りて、歩いて自宅に戻ったのだった。もう一つの経験は、イベントの中止を決めるいくつかのネット会議の経験だ。実施したいのはやまやまだが、もしクラスターが発生したら、皆に迷惑がかかるというと、すべての会議はイベント中止を、判で押したように決定した。

首相をはじめとするリーダーたちは、誰も強権を発動しない。ただ、お願いするのみ。お願いを受け入れた各種団体もまた、下部組織にお願いするのみ。末端組織では、上からお願いされたのでは、「しょうがないね」ということになる。そうして、みんな「しょうがないね」ということになる。時には、お願いすらもないことがある。その時は、下が上の気持ちを「忖度」することが求められるのだ。この行動パターンが功を奏して、第一波の鎮静化に成功したのである。つまり、第一波鎮静化は、日本型お願い文化が功を奏した好例なのである。

成功の秘訣は何か。それは、むしろ強権を発動せず、強力なリーダーシップを取らなかったところにある。強権を発動すれば、必ず下部組織、末端組織は反発する。強権を発動しないことで、各種団体には、見かけだけの自治、自主が保障される。そして、リーダーは、強権発動しないことによって、各種団体に恩を売ることができるのである。

【補足】その後の第二波、第三波を見るとお願い文化には限界があると思う人も多いだろう。もちろん、限界はあるのだが、危機的状況下においても、政治家も官僚も強権発動をためらうところに、むしろ私はお願い文化の根強さを感じてしまう。

ちなみに、新型コロナウイルス対策の特別措置法の改正審議では、罰則が検討され、緊急事態宣言や「重点措置」のもとでの「要請」や「命令」に応じない事業者には行政罰としての過料が設けられた。しかし、その罰則は、諸外国と比べれば、きわめて軽微なものだ。おそらく、罰則規定が運用されることになっても、罰則規定の適用はほとんどないのではないかと、私は考えている。私の推理が正しいかどうか、読者におかれては、注意深く見守っていただきたいと思う。やはり日本はお願い文化の国なのだ。

お願い文化の功罪

日本においては、強権を発動したリーダーは、発動した時点で失格なのだ。日本のリーダーとは、お願いしたり、謝ったりする人のことなのである。

このお願い文化の強みは、反対派と戦わずに、反対派をしぶしぶながらの協力者にしてしまうところにある。が、しかし。それは、誰も責任を取らずに、意思決定するシステムなのだ。もう、私が述べたいことは見破られているはずだ。これは、太平洋戦争時の大政翼賛会や大日本産業報国会のシステムとまったく同じなのである。だから、大惨事のあと、責任を問おうとすると、一億総懺悔《ざんげ》ということになってしまうのである。

したがって、お願い文化は、無責任で反省のない意思決定を繰り返す文化であるともいえよう。同調圧力が高いから、談合やいじめの温床ともなりやすい。このことは、今、お願いを受け入れなかった人への視線を思い出せばわかるだろう。私なら、あの電車での視線のことを思い出す。

だが、私は、断固、お願い文化を支持する。なぜならば、それは閉鎖性の高い島国の知恵の一つだからだ。これからも、いろいろな危機がやって来るだろうけれど、私は、お願いと分かち合いでゆけばよい、と思っている。ただし、光に対する影、功に対する罪を忘れないようにしながら——。

「切腹」には責任回避という側面もある

つまり、お願い文化は、無責任文化でもあるのだ。

が、しかし。以上述べたことに対して、こう反論する読者もいることだろう。日本には、「切腹」という重い責任の取り方があるではないか——、と。

「切腹」は、自らの責任を痛感したり、主君への忠誠を表したりするために行なわれる「自死」である。日本の場合、これが社会的に容認されており、儀式化されている点、特異である。しかも、歌舞伎等では、舞台でも演じられるので、「ハラキリ」という用語が世界中に広まっている。いわば、責任を取る名誉の死だ。

たしかに、「切腹」は重い責任の取り方ではあるけれど、死ぬことによって、それ以上の責任追及を回避できるという点も見逃してはならない。日本には「死者に鞭打《むち》つな」「死ねば仏さま」という考え方があり、死者が責任を取るということはないからだ。「切腹」には、もう一つ重要な側面がある。それは、自分が死ぬことによって、親類、縁者への責任追及を軽くすることができ、将来において、子孫の名誉回復が図られる可能性を残すことができるという点である。したがって、腹を切る側にも一つの打算があるということは、よく知られていた。

朝鮮語圏や中国語圏の前近代の政治においては、反対勢力が皆殺しになったり、先祖を祀る廟や墓までも取り壊されて、辱めを受けることもあった。ところが、島国日本の場合は、地縁や血縁関係が複雑で、そういうことができにくい。しかし、一方で、誰かが責任を取らなくてはならないこともある。そういった場合、自分が「切腹」することによって、一族や党派を守ることができるのである。切腹には、そういう側面もあるのである。

不祥事などによる辞職も、同じである。辞職することによって組織が守られれば、辞職した者の名誉になるからである。ひょっとすると、高額の日本の退職金は、辞職者救済のためにあるのかもしれない。もちろん、それは賃金の後払いではあるけれど。

「切腹」と「自死」の危険な快感

近代以降、人命尊重の思想が定着し、「切腹」は減ったが、なくなったわけではない。なくならない理由の一つは、「切腹」には一種のヒーローイズムがあるからであろう。つまり、「切腹」によって命と引き換えに快感（カタルシス）を得られるからである。

この快感は、入浴の垢《あか》落とし、大小便の排泄、さらに射精で得られる快感に近いもので、責任を取る側が、反転してヒーロー（英雄）になってしまうのである。だから、この上もない快感になってしまうのだ。三島由紀夫（１９２５―１９７０）ですら、このヒーローイズムと快感にとりつかれてしまったのである。

では、なぜ生きて、無罪を主張したり、贖罪《しょくざい》をしたりしないのだろうか。それは、自分の命よりも、共同体や集団の利益を優先するからである。日本型民主主義には、多数決がなく、それは誰も責任を取らない体制だと述べたが、誰かが責任を取る必要がある時には、その共同体や集団を温存する道を選ぶのである。それを美談としてしまうから、「切腹」は、けっしてなくならないのである。人命尊重の思想が普及して、「切腹」はなくなっても、まだ責任者の「自死」が残っている歴史的背景は、じつはここにあるのだ。

そして、「切腹」と似た行為として、責任を取るための「辞職」をする人は、あとを絶たない。その多くの人びとは、「これ以上、会社や学校に対して、ご迷惑をかけるわけにはいかない」という言葉を残すのを常とする。共同体や集団の利益を私の利益に優先させることによって、それ以上の責任追及を逃れることができるからである。さらには、うまくゆけば、英雄になれるかもしれないのだ。

したがって、「切腹」は重い責任の取り方ではあるけれども、一方では究極の責任回避術といえるかもしれないのである。

日本の政治リーダーの特性

誰も責任を取らず、和をすべての政治課題より優先するということになると、日本型リーダーに求められるのは、能力ではないということになる。いや、むしろ、能力が際立つ人は突出するので、リーダーには向いていないのだ。もちろん、調整力は求められるが、それも調整に関わる技術の巧拙は問題とされない。人間的魅力も必要であろうが、そういった能力とも魅力とも違うものが、求められているように思われる。

では、何が、日本型のリーダーに求められるのであろうか。それは、この人ならば、公平に判断が下せるであろうという信用力のようなものである。少なくとも、利益を自分のために誘導しない人である。つまり、

▽能力がない人で
▼信用力のある人

ということになる。なぜ、そんなリーダーが求められるのだろうか。それは、リーダーを選ぶ時に、どの人なら皆が協力して、和が保てるかということを念頭に置いて、リーダーを選ぶからである。

閉鎖性の高い島国では、突出したリーダーは、むしろ排除される。つまり、和を乱してまで改革をしようとするからである。皆が協力してくれる人をリーダーに選ぶので、能力が突出していると、むしろ嫌われるのである。この傾向は、研究者組織にも、よく見られることである。

「大愚」であることが求められるリーダー

能力がないだけでなく、時には、大いに愚かなことも求められる。愚かであることによって、多くの人びとの協力を得られるからである。ただし、このためには、自らが愚かであるという自覚が必要である。『万葉集』に、こんな歌がある。大伴旅人の讃酒歌の一つだ。

賢《さか》しみと　物言《ものい》ふよりは　酒飲《さけの》みて　酔《ゑ》ひ泣《な》きするし　優《まさ》りたるらし

（巻三の三四一）

お酒を皆で飲むならば、楽しく飲むべきであって、賢ぶって、偉そうに説教するやつは最低だというのである。酒宴の席で偉ぶるやつは、酔って泣いて人を困らせる人間よりも下等だというのである。つまり、酒宴では、その酒宴が楽しくなるように飲むか、飲んだふりが求められるのである。しかも、適度にやんちゃでなくてはならない。

「大愚」すなわち「大いに愚か」とは、道教や禅が理想とする人間像の一つであり、日本社会では、この手のリーダーを好む傾向が極めて強いように思われる。司馬遼太郎（1923―1996）が歴史小説で描くリーダーも明治陸軍の大山巌《いわお》（1842―1916）など、この傾向がすこぶる強い（『坂の上の雲』産経新聞夕刊、1968年～1972年連載）。

「大愚」をリーダーとして好む一つの理由は、組織が行なうべき業務というものは、基本的には担当者の判断が正しいものだという観念が強いからである。したがって、日本の組織では、リーダーにもともと高い能力など求められてはいないのである。まして いわんや、専門知識などは、必要どころか、ないほうが「まし」なのである。

知識を振り回すリーダーは必ず失敗する

専門知識を振り回すリーダーは、必ず失敗する。どんなに専門知識があったとしても、その時、その時の現場の担当者が、一番状況を把握しているし、専門知識も高いからである。そして、自らの能力を誇る人は、必ず部下の反発を招いてしまうのだ。下品な言い方となるが、下から見れば「お御輿《みこし》は軽い方がよい」というようなことをいう。

あまり書きたくないことだが、日本の国務大臣は、長年の派閥への忠誠心に対する親分からの「ごほうび」なのであって、その能力に期待して任命されることなど、まずない。したがって、その専門知識を国務大臣に聞いて、問い詰めるやり方は、私からいわせると上品ではない、と思う。単に、無能を暴露して、質問者に溜まった不満の溜飲を下げるだけだからである。もともと、どんなに長くても三年しかそのポストにいないわけで（もちろん留任はある）、派閥の都合で、そのポストが割り当てられているだけなのだから、知識などいらないのだ。

私も、小さな大学ではあるけれど、学科の主任教授として、何人かの学長に仕えたことがあったが、

俺は、いきさつで学長になってしまったが、ご存じの通り、実務については、なーも知らん。俺の任期の間だけは、何とか助けてくれんかなぁ。

と言った学長の下での仕事が、一番しやすかったし、教授会の進行もスムーズだったと思う。仕えやすいというよりも、「天国」であった。報告に行くと、報告を聞く前から、

よう来てくれたなぁ。ありがと。ありがと。そうしてよ。そうしてよ。それでええで。あんたが言うのやったら。

としか言わず、すべて現場からの起案通りなのだ。だから、何でも、好き放題にや

れた（そもそも、教授会の議案書などを読むようなお人ではないのだ）。この人は、大学退職後も、各種団体の長をいわば渡り歩いた人であったが、どの組織でも、この調子であった。

と同時に、この人は、組織の改革などは一切手をつけず、すべて先送りした人でもあった。

原罪主義と原恩主義と

日本のリーダーとは、お願いしたり、謝ったりする人で、組織を改革したり、動かす人などのことではない。上に立つ人ほど、愚かになって、頭を下げなければならないのだ。だから、「みのるほど、下がる頭《こうべ》の稲穂かな」というが、実際は、逆なのである。頭を下げる人こそ、リーダーなのである。頭を下げないリーダーというものなど存在しないのだ。頭を下げて、お願いするのが、そもそも日本のリーダーなのである。

この日本型リーダーの性格は、どこから来ているのだろうか。私は「原恩主義」から来ていると思う。「原恩主義」とは、聞き慣れない用語であると思うが、西欧キリスト教社会の「原罪主義」に対して、日本の社会学者、見田宗介（１９３７―）が提唱した用語、概念である（『現代日本の精神構造』弘文堂、1965年、1984年新版）。

キリスト教では、人はあらかじめ罪を背負って生まれてくるものである。つまり、生きてゆくということは、罪を贖うということなのである。キリストは、自らの死によって、人間の罪を贖ってくれた人であり、だから神なのである。『聖書』の神話も、この考え方を保証する役割を担っている。人間とは、神との契約を破って、林檎《りんご》を食べてしまったイヴの末裔《まつえい》であり、兄弟を殺したカインの末裔なのである。キリストは、その罪をわれわれに代わって、われわれと伴に償ってくれた（くれる）人であり、神父は信者の犯した罪を聞き届け、神に伝えてくれる人なのである。

つまり、これがカトリック教会の「告解《こっかい》」である。すなわち、キリスト教者とは、常に神に許しを求めて生きる懺悔者《ざんげしゃ》なのである。この考え方に従って、キリスト教者は、自らに自制を求め、反省を求め、弱き者を助けるよき奉仕者として生きてゆこうとするのである。

原恩主義とは感謝の宗教である

これに対して、「原恩主義」とは、どういうものなのだろうか。食事の前に「いただきます」という感謝の言葉を発することが、日本人には求められるが、これは誰に対して発せられた言葉なのだろうか。ここから、見田は問題提起をはじめる。ご飯を作ってくれたお母さん、それとも稲を育ててくれたお百姓さん、いやいや忘れてはいけないご先祖さま。さらには、ご飯そのもの。

そうなると、器やお箸にも感謝、ありがとうということになってしまう。

結局のところ、誰に感謝しているのか、わからないのである。誰に感謝するのかもわからないのに、とにかく感謝、ありがとうなのである。唯一の神との契約に基づき、自分に代わって贖罪をしてくれた神への償いのために生きる生き方とは、真逆なのである。人は生まれながらに、罪を背負っているのではなくして、恩を背負って生まれてくるという考え方が、原恩主義なのだ。

ただし、生き方の方向性については真逆であるけれども、ともに指針を持って生きるということについては、変わりがない。「原罪主義」では生まれながらに受けている罪を償ってゆく人生を歩むことになり、「原恩主義」では生まれながらに受けている恩を、人やモノに恩返ししてゆく人生を歩むことになる。

▽原罪を償うために生きる

▼原恩を恩返しするために生きる

つまり、「償い」か「恩返し」かの違いでしかないのである。

御恩と奉公と

鎌倉幕府の御家人たちには、二つの側面があった。一つは、自らの領地を持つ農園経営者としての顔である。彼らは、それぞれ独立して自らの領地を守っていた。そのために、軍事力も有していたのである。鎌倉幕府とは、御家人の共同体でもあるのだ。一方、鎌倉幕府に仕える役人としての顔も持っていた。鎌倉幕府の役人すなわち御家人になることによって、地位も領地も安泰になったのである。今日の考え方でいえば、これはギブアンドテイクの義務と権利の関係であるはずだ。雇用主と従業員の関係と見てもよいだろう。しかし、幕府と御家人の関係は、表向きは「御恩」と「奉公」の関係が装われるのである。

義務と権利の関係では、フィフティフィフティの関係のはずだが、「御恩」と「奉公」の関係はまったく違う。どのような関係かというと、それは無限大と無限大の関係なのである。

鎌倉御家人の「鉢の木」の話がある。僧の姿になった時の執権、北条時頼《ときより》を、大雪の夜に鉢植えの木まで囲炉裏にくべてもてなした貧乏のどん底にあったその御家人が、いざ合戦となって、一番に駆け付けた話であり、それによって、多くの恩賞が授けられたという話である。

この話の核心はどこにあるのであろうか。奉公には全力で力を尽くすべきだ。全力で力を尽くすことによって死んでもかまわない、という点にあるのである。一方、恩賞を与える側も、最大限の恩を与えなくてはならないのだ。つまり、どちらも、無限大なのだ。

しかし、実際には、そんなことはあり得るはずもない。恩賞も無限には与えられないし、無限に奉仕するということもあり得ない。でも、そのあり得ない関係が、美談にもなり、理想にもなるのである。

以上の話を、英語圏の留学生にしたところ、彼は、このように言った。「日本企業のかつての終身雇用制は、一種の封建的奴隷制だと思っていましたが、奴隷になる側の快感というのもあるんですね」と。

おそらく、日本社会とは、恩を与える快感と、奉仕をする快感を一致させようとする社会なのかもしれない。さらにいえば、最大化させようとする社会なのかもしれない。

則天去私

夏目漱石（１８６７―１９１６）のいう「天に則して私を去る」生き方とは、簡単にいえば、ずっと恩返しをして、最終的には原点に回帰することである。恩返しをするために生きるのだから、最終的には原点に返るということになる。お金儲けをするのは、何のため。親の恩に報いるため。お金儲けをするのは、何のため。祖先の恩に報いるため。いや、地域の恩に報いるため、とすべての行動の目的が恩返しになるのが「原恩主義」だ。そして、最後は、原点に回帰して自らも潔くこの世から消えてゆく。それが、天に即して私を去る生き方といってよいだろう。

ちなみに、夏目は、もともとあった「則天」（天を手本として生きること）と、「去私」（私心を去ること）を結びつけ、熟語として使用しているが、「則天」「去私」をそのまま解釈すると、自然のうちに己を空しうする、という意味しかない。この熟語を夏目は小事を捨て大道につく文学観を示す言葉として用い、その境地を語ったのである。

とにかく、日本社会では、恩返しほど美談になる話はない。ところが、そこが問題なのだ。恩を仇《あだ》で返した人間に対しては、すべての人格が否定されることになるからである。今まで、「恩知らず」という名目で、どれほどの人が、誹謗中傷《ひぼうちゅうしょう》を受け、組織から排除され、攻撃されてきたことか。だから、敵対勢力は、いつもターゲットを「恩知らず」と攻撃するのだ。

小さな恩でも忘れずに、恩返しをする人が日本社会では尊敬されるのである。祖母の物差しや裁縫道具への供養や、朝夕の茶撒きにはうんざりしたが、祖母にとっては、精霊たちに対する恩返しだったのかもしれない。

汚職もご恩返しから

代議士は、その当選の瞬間から、多くの人の恩を受けている。いや、当選の前から人の恩をたくさん受けている。日本はお願い文化だから、どうか私に一票入れてください、とお願いしないと当選できないからである。つまり、代議士になったとたんに、今度は恩返しする側になるのである。そうすると、恩のある支援者の子弟の就職の斡《あっ》旋《せん》からはじまり、地元の公共事業の利益誘導などなど、すべて恩返ししなくてはならないのである。恩返しするために、中央政界での政治力の増大を目指しているといってもよいくらいである。

恩返しは、それだけではない。もっと大切な恩返しは、派閥の親分に対する恩返しである。日本の政治家の行動というものは、その政治理念や主義、主張よりも、師弟関係で決まることが多い。つまり、日本政治史は、そのじつ日本政治派閥史でしかないのだ。それは、文学者でも同じだ。

とある文芸評論家が、日本文学史は書けないが、日本文壇史なら書けると言ったが、私には、それも頷ける。文壇史といっても、文学派閥史だ。

新人代議士は、当選したその時点から、所属する派閥の長に対しての恩返しがはじまるのだが、派閥の長はさらに代議士を援助して、恩返しのスピードに勝って、恩を着せてゆく。つまり、恩返しが終わらないようにするのである。なぜならば、恩返しが終わって、その派閥から出てゆかれたら困るからである。ここに、日本型汚職の土壌もある。

日本に高級クラブが存在する理由

芸事の世界の場合は、お師匠さんについて、芸を身につけて一本立ちすることができるようになっても、三年なら三年、決められた期間は「お礼奉公」と称して師匠の手伝いをしたり、収入の半額を師匠に渡したりすることが、かつては一般的であった。

これをしないと、その世界にはいられなくなるという仕組みがあるので、「お礼奉公」の期間はしっかりと守られるのである。

しかし、その期間が定められていることで、反対に、弟子を守ることにもなっているのを忘れてはならない。というのは、「お礼奉公」の期間さえ過ぎれば、独立が保障されることになるからである。ただし、これとて巨額のお金が動く場合は、なかなかうまくゆかない。芸能界の有力タレントの、育ててもらったプロダクションからの独立は大変で、「破門状」に近いものが出回ることもある。ワイドショーが好きな人なら、いろいろな事例を思いつくことであろう。

さて、代議士に話を戻すと、代議士の金銭トラブルの多くや、汚職などの犯罪は、主として恩返しにまつわるものが多い。公平性や公共性の観点から見て問題があると思われても、恩のある相手からの申し出を断ることは、なかなか難しいのである。そして、時には、法を犯してしまうことにもなるのである。

日本の汚職では、接待の飲食費が問題となることがあるが、これは、恩を着せて、恩返しを求める古典的な篭絡《ろうらく》の手口ということができる。日本には性交渉をともなわず、多額の金銭が動く花柳界や高級クラブが存在しているのも、そのためである。もちろん、それがすべて違法な取り引きを前提としたものではないけれど、接待の背後には、「なにがし」かの便宜供与があるのも事実である。

平成を代表する辞職事件の取り調べをした元検事（いわゆる「ヤメ検」）の方と話をしたことがある。じつは、汚職に手を染める代議士の多くは、私利私欲に走る人などではなく、義理堅く恩返しをする人だというのである。そして、多くの場合は、自主的に汚職をするのではなく、汚職をするように追い込まれていったというのが実情に近いという話を聞いたことがある。さらにいえば、ヤクザの犯罪も同じである。犯罪をするように追い込んで行くのである。恩を着せて。

恩返し社会を生き抜く知恵

日本人の人生は、究極のところ、「恩」と「報恩」のバランスをどう取り、自分なりの美学を貫くのか、という点に集約されるのである。親にも恩があれば、上司にも、部下にも恩がある。忘れちゃいけない、妻にも恩があるからである。さらには、会社や組織に対する恩だってある。それらの恩をどう返して生きてゆくか。転職も介護も、すべて報恩から考えねばならないのだ。こういう社会を生き抜くために、私たちの先輩は、いろいろな方法を試してきた。どれが正解というわけではないが、二つほど紹介しておこう。

一つ目は、返す恩を少なくするために、なるべく受ける恩を小さくするという生き方である。だから、人とのつきあいを意図的に小さくして、お世話もしないし、お世話もされないという方法を取る生き方である。これも一つの美学で、

ありがたいのは山々ですが、そこまでしてもらいますと、ご恩返しもできませんので……。

と言って、相手からの厚意をきっぱりと断ってゆくのである。もちろん、内心では、こんなことを思ったりもする。「あんな人の世話になったら、あとでどんな恩返しを求められるか、わからないから、断りたい」などと。これも、生き方の一つだ。

もう一つの生き方は、恩返しをする時に、すべてを返さずに、相手の気分をよくするために、常にその一部を負債として残すというやり方だ。こうして、人間関係を良好に保つのだ。つまり、きっちり同量の恩を返してしまうと、上下関係がある場合、生意気と見られたりするし、縁を切ろうとしているのではないか、と疑われてしまう。それを避けるために、相手側が少しだけ優位に立つように、全部の恩を返さないのである。全部恩を返してしまうと、対等な関係になってしまうので、相手は不愉快に思ってしまうのだ。師弟が二人で、居酒屋で飲んでいるとしよう。弟子が、全額払おうとすると、師匠は、「お前、いつからそんなに偉くなったのか」と怒ることもある。

だから、目上の人を接待するのは、なかなか難しいのである。ちなみに宗教学者の山折哲雄（1931—）は、私に何回か、「恩は返しちゃダメだ。感謝だけしておけばよい」という話をしてくれた。その時、私は、「はぁはーん。山折先生らしい美学だなぁ」と思ったことがあった。

じつは、律令国家の天皇と官人も、鎌倉幕府と御家人との関係も、江戸時代の将軍家と旗本、大名との関係も、近代の官僚組織も、国会運営も、「恩」と「報恩」の関係で成り立っているのである。利権争いだけで政治が動くと思ったら、大間違いだ。

日本型民主主義の限界

日本政治は、義務と権利、主義や主張で動くものではない。恩をたくさん他人に与えられる人が偉く、報恩のために働いてくれる人がたくさんいる人がトップに立つのである。

こういう政治風土では、大きな改革を行なうことは、ほぼ不可能だと考えておいた方がよいだろう。政党ごとに主張が違ったとしても、それは表面的なことでしかない。政治主張よりも、人間関係の方が優先されるので、看板などつけ替えれば済むことなのだ。大きな政治改革が可能な時は、戦争時か、外圧がある時である。農地改革がそ

の好例で、

大化改新（645年〜650年、中国、朝鮮半島からの外圧期）
地租改正（1873年、明治維新期）
農地改革（1947年、占領期）

という具合である。皆、外圧だ。

基本法を作るのが苦手な日本人

だから、基本的に、日本人は基本法を作るのが苦手である。古代の律令は中国法だし、明治憲法はプロシア憲法と英国の議院内閣制を手本としている。新憲法に至っては、押しつけかどうかは別としても、英文のGHQ（連合国軍最高司令官総司令部）の草案があったことは間違いない。

ただし、それらを運用することよって、近代化をしてゆく点については、日本は天下一品だと、私は思っている。明治憲法制定から二十年程度で、英国の議院内閣制を手本として一応選挙による政権交代を実現している（もちろん、その後の失速と戦争のことはけっして忘れてはならないけれど）。

新憲法は、理想主義に燃えたGHQ民生局の青年法律家たちが作ってくれた基本法だから、ご本家を凌《しの》ぐスピードで民主化が遂げられていった。アメリカで一九六〇年代の公民権運動によって成し遂げられた民主化や社会正義が、一九五〇年までに日本では行なわれてしまった。もちろん、それは日本国憲法に定められたものではあるけれど、具体的に政策化していったのは、日本人である。つまり、文化の受け入れ方にこそ、日本文化の真骨頂があるのである。半面、大きな改革をしたり、基本を作ることは苦手というほかはない。大きな改革をする場合は、外国から人材を招聘《しょうへい》するしかないようである。

無理な運用を重ねても基本法は変えない文化風土

七世紀中葉に、中国から日本にもたらされた律令という法体系は、原則として、平安時代まで続いている。つまり、五百年も続いていたということになる。しかし、そんなに一つの法制度が長く続くわけがない。どうしたかというと、すべて、これを運用で乗りきったのである。

じつは、将軍権力だって、律令制度の運用によって生まれたものだ。天皇が征夷大将軍の任命権者であり、下命を受けた征夷大将軍が政治を行なうという建前で、政治が行なわれるのである。王政復古は、これを正して元に戻す政治運動であったことはいうまでもない。自分たちの力で制度設計をして、新しい法体系を作るという歴史的な経験が、日本社会には、まったくないのである。

するとどうなるかというと、無理な運用を重ねてゆき、法体系の原則がなくなってしまうのである。五百年続いた律令法は、中国の法体系。明治憲法は、プロシア憲法とイギリスの議院内閣制のミックス。新憲法は、英米法の人権主義に基づくもの。つまり、そのたびに、外国から法を学び、外国人を招聘して、制度設計を行なっているのである。

そして、一度作った基本法は、自分たちで変えずに、無理無茶でも運用で乗りきるというのが、日本スタイルなのである。それは、宗教改革についても、同じであった。

鑑真和上招聘の意義

奈良時代に、行き詰まった仏教界を改革するために、唐から招聘したのは、鑑真和《がんじんわ》上《じょう》という僧侶であった。鑑真は、僧侶の資格認定を厳格化した人物である。師弟関係が一対一となってしまうと、何ごとも恣《し》意《い》的に流れてしまうので、師を三人とし、その上で試験を公開として、七人の判定者（証人）を求めた。つまり、公開で試験をし、

鑑真が上陸したと伝えられる秋目浦（鹿児島県南さつま市）。
近接して「鑑真記念館」がある

七人の証がなくては、正式の僧侶とは認定しないというのである。私度《しど》と称して、自由に得度して出家ができれば、税金逃れのために僧侶が増える。増えるだけならよいが、質的低下を免れず、全体的に見ると大きな仏教不信が起こってしまう。

鑑真の招聘によってどれほどの僧侶の質が上がったのか、検証する方法はないけれども、鑑真の招聘には、大きな象徴的意味があった、と思われる。というのは、国家が僧侶の質の向上に取り組んでいるということを、端的に示すことになったからである。

こういう政策を取らないと、多くの国民に対して負担を強いることになる、盧舎那《るしゃな》大仏《だいぶつ》（最終的には「奈良の大仏さん」となる）の造立《ぞうりゅう》などできなかったであろう。

もう一つ、これが成功か不成功であったかは歴史の審判を仰ぐしかないけれど、カルロス・ゴーン（1954―）のことを挙げておきたい。日産再建が一時的にせよ、カルロス・ゴーンのリーダーシップによってなされたことは事実である。カルロス・ゴーンが恩と報恩の関係を考慮したならば、系列企業との「ずぶずぶ」「なあなあ」の取り引きを停止させることはできなかったであろう。したがって、彼は義務と権利の概念を、日本の企業風土に植えつけようとした人物なのである。ところが、今度は成功して肥大してしまった彼自身の権利と義務を、日産自身がチェックすることができなくなってしまったのである。

格差に不寛容な日本社会

ここまで読んでくれた読者は、現在の日本はそこまで村社会ではない、という人もいるかもしれない。しかし、私からいわせてもらうと、日本の企業文化も、基本的には、原恩主義の村社会の原理で動いている、と思う。三十年以上の伝統のある企業では、平社員と社長との給与格差は、多くても十倍くらいの間である。百倍などということはあり得ない。しかも、日本の給与システムは、小刻みに作られた階段を皆で手を繋いで登ってゆくようなもので、同期入社なら、係長と部長でも大差はない。もし、金額差が気になるとしたら、それは小差だからこそ、逆に差があることに敏感になるのだと思う（著者の実感でいえば、大多数の会社では、社長と平社員の給与格差は三倍以内だ）。

そんな企業風土（＝村社会的風土）のなかで、社長が平社員の百倍の給与などというようなことは、絶対に起こり得ないのである。しかも、累進税率の高い日本では、その給与格差さえもなくなってゆく。日本は、究極の社会主義国家なのだ。

「青い鳥」はどこにいるか

グローバル化による所得格差の問題は、世界的課題であるが、日本は、いまだに所得格差の小さい国だと、私は思っている。もちろん、多くの論者が、この二十年の格差拡大を問題にしているけれど、反対に格差は広がっていないという論者もいる。おそらく、そこには研究者の人生観や社会観のようなものが投影されているのではなかろうか。統計が正しければ客観性が高まり、比較方法に客観性があれば、結論の妥当性は高まると思うが、最終的な判断は、やはり個々の研究者の人生観や社会観のようなものに左右される、と私は考えている。日本は、依然として格差の拡大に不寛容な社会であると私は思う。この十年、私は、ヨーロッパの旅をしているが、旅人の眼から見ても、貧富の差の大きさを実感することがある。日本は、よくも悪くも、給与平等主義（能力不平等主義）の国だと思う。

外国の事例を持ち出してきて、日本を貶《おとし》めて覚醒を促すという手段は、今でもよく行なわれるが、これは偏狭な愛国主義の裏返しだと思う。どの国、どの地域にも、それぞれの事情や歴史というものがあって、今があるのである。だから、どの国にも、どの地域にも、光と影があるのであって、青い鳥などどこにもいないのである。日本は、日本だ。

ただし、外国を極端に理想化して日本の現状を批判する論に、一定の役割があるのも事実である。それは、自己を相対化しつつ、あるべき理想について考える契機となるからである。だからこそ、この手の議論は、進歩的文化人たちの偏狭な愛国主義の裏返しでしかないのだ。

義務も権利も、多数決もない民主主義

これを民主主義と呼ぶかどうかは別として、日本型民主主義には、義務も権利も、多数決もない。村の主（企業や組織のリーダー）が、なるべく皆のことを考えて、よい決定をしてくれるのを待つだけだからだ。では、村の主は、自分の利益だけを考え

て政治意見の決定ができるかといえば、そんなことはない。なるべくその組織の利益に適うような決定をしてゆく。日夜、そのために、長い会議を招集し、根回しし、お願いをしているからだ。

同期入社で、あの緩やかな給与表階段を手を繋ぎながらトップに立った社長は、まず社員の雇用を第一に考える。そして、あのゆるやかな階段を維持しようとする。会社の不採算部門の再編を行なうのは、これらを維持する場合に限られる。非正規雇用が増大しているのは、じつはゆるやかな階段の正規雇用者を守るためなのである。企業の内側は、居心地のよくないぬるま湯（正規雇用）で、外側は風邪を引く水風呂（非正規雇用）なのである。

けれども、日本企業は、余力さえあれば、ゆるやかな階段の雇用を守る経営をしてゆくと思う。この見方は、現実を直視しない見方といわれるかもしれないが、日本社会は二十一世紀においても、村社会と同じだと思うからである。

社員寮に、社宅。職場ではサークル活動も行なわれるし、春にはお花見して、夏には社員旅行して、秋には運動会して、さらにさらに、忘年会して、新年会して、送別会して、新入社員歓迎会をまだしたいのだ、と思う。余力さえあれば――。個人主義となって、そんな行事はまっぴらごめんだと言っている人も、職場の人間関係は、良好にしておきたいはずだ。

それは、和することを目的とする社会は、和がないと成り立たない社会だからである。

『ジャパンアズナンバーワン』の行方

もちろんこういった私の考え方は、一九八〇年代までもてはやされていた、日本企業文化礼賛論であり、その後の日本経済の凋落《ちょうらく》と現状を直視しない議論だと笑っている読者も多いだろう（エズラ・F・ヴォーゲル著、広中和歌子・木本彰子訳『ジャパンアズナンバーワン―アメリカへの教訓』ティビーエス・ブリタニカ、1979年）。しかし、私がいいたいのは、じつは逆なのだ。村社会を基盤とした企業文化を守ろうとしたがために、世界経済の潮流に乗り遅れてしまった、ということをいいたいのである。

と同時に、ほんとうに過度な競争を強いる、戦う企業文化が、人間に幸せをもたらすのか、ということも、多くの読者に聞いてみたいところだ。中国や韓国の方が、経済のグローバル化にもIT化にも適応が早く、大きな経済成長を遂げているかもしれない。けれども、それがそこで働く人びとの幸福に繋がっているかどうかは、別問題であろう。資本主義社会は個人や企業が、能力を競い合って、利益を求める社会である。ところが、そういう企業人や集団は、利益がなくなると消えてゆく。ところが、忠孝で結ばれた社会では、逆に協力しようとする。『忠臣蔵』の例を見よ。やはり、何が幸福なのかという哲学が大切なのだ。

過度な競争資本主義から取り残された楽園が、日本列島かもしれないのだ。眼に見える経済指標というものだけが、絶対なのか。経済成長は必ず人間に幸せをもたらすのか。むしろ日本では、そういう議論が深まってきたのではないかと、私は思っている。現状肯定は、本書の通奏低音であり、また、本書の弱点でもあるのだけれど、私はそう思っている。

江戸時代の「内済」文化

江戸時代においては、深刻な対立が生まれた場合、「内済《ないさい》」という方法で解決されることが多かった。「内済」とは、内々で解決し、公にしないということである。

たとえば、代官所などに訴訟が行なわれた場合、代官所ではなるべく裁定を下さず、当事者同士で話し合うことを求めた。その上で、仲介者を定め、示談にするのである

（平川新「江戸の知恵『内済』で折り合いを」、朝日新聞、2020年5月31日掲載）。

仲介者は、大概は対立する両者に対して影響力のある、いわばボスである。何度も仲介者を介して話し合いを進めるうちに、ここは、一つ、仲介者の顔を立てて和解しよう、ということに、多くの場合はなったようである。その「内済」が破綻した場合のみ、訴訟が受理され、判決が下されるのである。今日の裁判においても、この手法は頻繁に使われている。いわゆる民事訴訟の「和解勧告」である。もちろん、この「内済」文化ともいうべきものを、私は手放しで推奨するものではない。ボス政治の温床になりやすく、まさに談合文化の手本みたいなものだからである。

一方、公平原則をもとにした競争して戦う文化だけが、人間に幸福をもたらすかというと、そうではないと思う。

もちろん、「内済」の奨励は、日本社会のなかで、少数派として苦境に立つ人びとを無視する議論だという反論もあるだろう。たしかに、声すらも上げられず、セクシュアル・ハラスメントやパワー・ハラスメントに泣いている人は多いと思われる。が、しかし。それは、まことに悲しい逆接なのだが、和を大切にする風土によってもたらされる理不尽なのである。

死ぬ、その時に、私は……

田舎の村に行くと、年に二、三回、道普請ということをする。簡単にいえば、溝さらいや草取りや、村の木の伐採だ。それには、有力者も、貧乏人もない。みんないっしょだ。人手を出さなければ、一杯飲ませろということになって逆に高くつく。このありようが、日本の企業に持ち込まれたことは、若き日のイギリスの社会学者ドナルド・ドーア（１９２５―２０１８）が指摘したことだが、さまざまな変化はあるにせよ、そう大きく変わっていないと私は思う（『都市の日本人』岩波書店、１９６２年）。むしろ、日本企業は、悪い言い方をすれば、エセ平等主義、を守ろうとしているのである。

私は、こういった文化の背景には、原恩主義があることをこれまで述べてきた。原恩の思想は、互敬の思想である。その互敬の思想は、自然崇拝と精霊信仰からきている、というのが本書の主張だ。

私は、死ぬ時に何と言って死ぬのだろうか。「よかった。贖罪が済んだので天国に行けるぞ」と言うのだろうか。はたまた、「ありがとう、まだまだ、足りないけれど、多少の恩返しができてよかった」と言って死ぬのだろうか。

しかし、考えてみれば、この二つは、同じかもしれない。なぜならば、贖罪にも報恩にも、善行が必要だからだ。

第五章

芸術の知恵

床の間と芸の道。妙なる日本的なおもてなし

往時の上野家の床の間。キクノおばあちゃんの何かの賞状が飾られている。1960年代か。祖父母の時代までは、床の間の「しつらえ」に常に気を使っていた。

「芸道」「芸能」「芸事」と芸術

「芸術」という言葉は、難しい。

現代では、英語のａｒｔの訳語として理解するので、あぁ、絵画も音楽も文学も入るのかと、一応考えられている。ところが、ａｒｔには、学問の意味もあるから、注意も必要だ。さらに、話をややこしくしたい。日本で使用されている「芸術」という漢語は、かつては、今でいうなら学問と技術の両方を指す言葉であった。学問と技術を意味する「芸術」という言葉は、『続日本紀《しょくにほんぎ》』（７９７年撰進）にも確認できるから、奈良時代の人びとも、そういう使い方をしていたのであろう。

だから、今日でいう「芸術」の概念は、江戸時代まではなかったのである。すると、どう考えたらよいのか。本書では、江戸時代まで、「芸道」「芸能」とか「芸事」と呼ばれ、今日の「芸術」という用語で考えられる「芸術」について、考えてゆこうと思う。「芸術」を論ずると、とたんにインテリっぽい出だしになるから不思議だ。どこか、偉そうに。

芸術小話

大学で長く教えていると、「概論」科目という科目を担当することもある。「概論」とか「原論」とか、その手の科目は、その学問の全体を見渡して解説するもので、これがなかなか「やっかい」なのである。「国文学概論」「日本文学概論」などなど。時には、都合で「芸術学概論」の担当になったりもする。

すると、授業の一回目は、「芸術」とは何か、などと大上段に話さなくてはならない。昔の大学者とは違って、今の大学の教員は、そういう大きな話が大の苦手なのである。だから、誰も概論科目の担当をやりたがらない。どだい、われわれ小学者には、無理な話だ。

では、どうやって授業をするのか。第一回目の授業は、私はこんな小話をして、お茶を濁すことにしている。語り口調で示してみよう。

えっへん。学生諸君。芸術と非芸術の違いということを考えることは、この「芸術学概論」を講ずるにあたって、避けて通れぬところであります。

私は、昨秋、フランス共和国の首都パリに遊んだのでありますが、まさしく彼の地は、芸術の都であります。そのなかで、現代芸術の殿堂というべきところが、ポンピドゥーセンターであります。このセンターで、私は現代フランスの美術の枠を堪能することができました。

いよいよ、あな、うれしやと入館しまするに、ななんと、床に何やら落とし物が落ちているではありませんか。財布かと思いましたが、財布にはあらず。何とタワシでありました。私は、そのタワシを手に取って届け出ようと思ったのでありまするが、するとと突然、警備員が走ってきて、「これは作品なり」とフランス語で捲《まく》し立てるではありませんか。驚嘆して見ますれば、作品名が、なにやらフランス語で記されていました。日本語に訳しますと、「タワシという存在」と書かれていたのであります。ああ、まさに現代芸術というものは、かようなものか、と思った次第なのでありました。

私は、さまざまな絵画、彫刻を見て、現代芸術の枠というものを堪能したのであります。第一室を見終わりまして、次に第二室に入りました。と、と、ところがです。また、入り口のところにタワシが置いてあるではありませんか。今度は、大丈夫です。ちゃんと、私は現代芸術のよき理解者となりましたので、ちゃんと、そのタワシを鑑賞しました。作品名を日本語に訳しますれば、「それはやはりタワシでしかない」と書いてあるではありませんか。何と含蓄《がんちく》にあふれる言葉か。私は、深く感動したのであります。

次に私は、最後の第三室に入って、さらに多くの作品を見たのであります。そうして、名残を惜しんで会場の外に出ようとしたのでありまするが、その出口にも、タワシが置いてありました。もう、驚きやしません。私は、これまで見たタワシとどこか違ったところはないか、とつくづく眺めましたが、三つとも同じでありました。作品名は、「タワシという存在を忘れるな！」と書いてありました。まさしく、現代芸術の枠というものが、ここにあるのであります。

私は、すべての鑑賞を終わり、ミュージアムショップに立ち寄ったのでありまするが、何とそのショップでは、作品のレプリカが売られておりました。一見、普通のタワシと変わりがありませんが、作品のレプリカということでありますので、大枚をはたいて買い求めました。日本に持ち帰りまして、ポンピドゥーセンター入館の大切な記念品としております。したがいまして、私の家の床の間には、この現代芸術作品のレプリカが飾られておるのであります。

諸君！　タワシは、芸術なのであります。アートなのであります。芸術を学ばんとする諸君は、とくとこの事案について、思いをいたされよ。以上！

賢明なる読者は、最初の三行くらいで気づかれたと思うが、作り話である（ただし、この手の話は、フランス小話にたくさんあるので、ただアレンジしたのみ）。ちょっと種明かしをすると、ポンピドゥーセンターには、カンバスを裏返しに置いたオブジェと、絵画を梱包したとおぼしき箱が、作品として飾られていたが、さすがにタワシはなかった。

　ここで、問題としたいのは、私たちは、タワシをポンピドゥーセンターで見るから芸術なのであって、同じものを流し台で見れば、芸術品とは思わないであろう、ということである。実際の講義では、私はタワシを教壇の上に置いて、それらしいフランス語の作品解説パネルを置いて授業をしている。そして、鑑賞文を書かせている。第一回目の授業だから、学生の半分は、種明かしするまで、私の話を信じてしまう。ただし、騙《だま》された学生の方が、テストの平

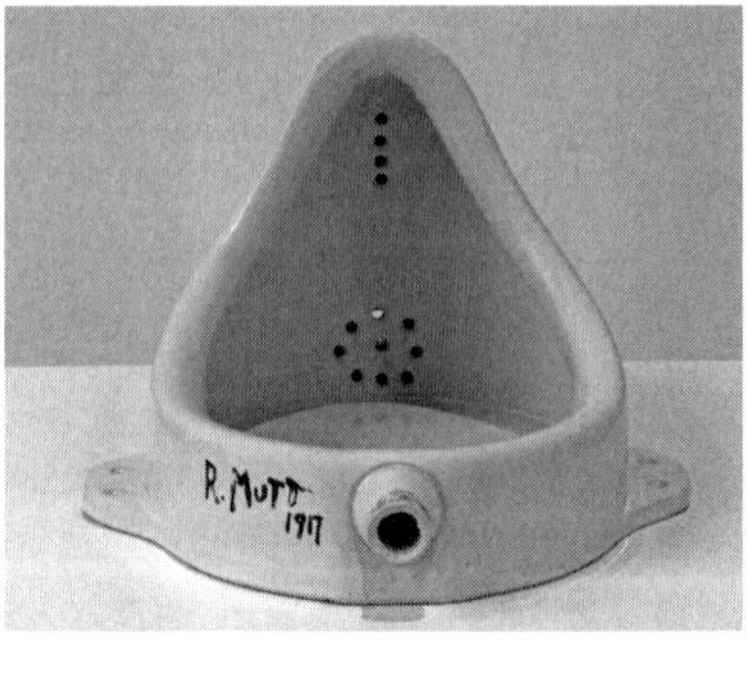

写真／アフロ

フランスの美術家マルセル・デュシャン（1887-1968）の作品「泉」。人名のサインが施された単なる男性便器も美術館で展示されることで現代アートに成りうるのか？　という論争に発展した作品。

均点は高い。真面目だからである。

龍安寺の石庭

私は、石庭も同じだと思う。庭に石が置いてあって、ここは瞑想《めいそう》の場所など、哲学の場など、いろいろ御託を並べているが、要するに、タワシ小話と同じ話なのである。芸術とは、

i　**表現者の作った作品**
ii　**表現者の作った作品と鑑賞者を結びつける時と場**
iii　**鑑賞者**

の関係性のなかで成り立つのである。したがって、特定の絵画や音楽さらにはタワシや石に芸術性があるわけではない。美術館で見なかったら、ただの「タワシ」だ。

私は、留学生たちを連れて龍安寺《りゅうあんじ》（京都市右京区龍安寺御陵ノ下町《ごりょうのしたちょう》）の石庭によく行く。行けば美しいと思うし、落ち着きもするが、タワシのことを思い出してしまう。石は石だろう。庭は庭だろう（祖母の庭と同じはずだ）。それ以上でも、以下で

もない。

私の友人で、こんなことを言う人がいる。「もし、私が、文化庁のアート・プロジェクト予算十億円をもらい、プロデューサーになれたら、どうするか。龍安寺の石庭の石に黄ペンキを塗り、白壁に赤ペンキを塗って、ロックコンサートを開いてみたい」と。とんでもない話だが、これは「芸術」とは何かを考えるヒントになる話だと思った。

同じ石でも、同じ仏像でも

奈良県桜井市の三輪山は、山全体が神である。山は、森に覆われているが、森の木々も、一本一本が神である。山中には、岩があって、その岩にも注連縄《しめなわ》が張られている。これが、いわゆる磐座《いわくら》信仰である。つまり、岩を信仰の対象としているのである。龍安寺の石庭の石と、どこが違うのだろうか。龍安寺で見れば、芸術なのか。三輪山で見れば崇拝対象なのか。やはり、ⅰⅱⅲの関係性が大切なのだ。

もう、賢明な読者は次に私が何をいおうとするか、察していると思う。仏像は、拝むものなのか、美術品として見るものなのか。これも関係性で決定されるのである。美術史ができるには、美術という概念がなければならない。宗教史ができるには、宗教という概念がなくてはならない。では、美術という概念は、どこから来ているのか。それは、西洋美術史から来ているのである。宗教という概念はどこから来ているのか。それは、西洋の宗教史から来ているのである。江戸時代までは、そんな概念は存在しなかった。

奈良で仏像展を開催する時には、毎朝、僧侶が博物館にやって来て、回向《えこう》をする。関係者は、あまりこの話を公にしたがらないが、私は、それでよいと思っている。運慶も快慶も、これを美術品だと思って作っていないからである。

『万葉集』は芸術か

言語も、ⅰⅱⅲの関係性が成り立てば、めでたく「芸術」となる。作り手と、置かれた時や場と、鑑賞者の関係性と力学のなかで生まれるものなのだ。

今日、ショーウィンドウを見たら、マネキンが水着着てた。もう夏なんだね。

という一文も、現代短歌なら、これくらいの表現は十分に許容範囲に入る。ただし、それは短歌雑誌に載ればの話であるが（ⅱ）。ショーウィンドウの水着で夏なら、香《か》具山《ぐやま》（奈良県橿原市《かしはら》）の白い衣はどうだろう。

A　春が過ぎて夏がやって来たらしいぞ。ほら、天の香具山に真っ白な衣が干してあるから――

これでも、現代短歌としてOKだろう（もちろん、現代短歌にもいろいろな流派があるが）。当然のことながら、Aは『万葉集』の持統天皇御製歌の、

B　**春過《はるす》ぎて　夏来《なつき》たるらし　白《しろ》たへの　衣干《ころもほ》したり　天《あめ》の香具山《かぐやま》**（巻一の二八）

の訳文である。当時は、平仮名と片仮名の成立以前であったので、

C　春過而　夏来良之　白妙能　衣乾有　天之香来山

と書いた。『万葉集』の研究は、こういった漢字の文字列（C）が、なぜBと訓《よ》め、Aと訳せるのかを考えるところからはじまるのである。その意味で、学問はⅱの役割

を果たしているのである。文学研究では、「文学以前」ということが、さまざまに論じられてきた。古典文学研究の高崎正秀（１９０１―１９８２）や櫻井満（１９３３―１９９５）も、何度も文学以前を説いたところである。私がタワシと水着の授業をしていると知ったら、二人は何と言うだろうか。

学問が芸術を作る

この持統天皇御製歌について、季節の推移を歌った最初の歌であるとか、背後の新緑の香具山を思い浮かべると青と白のコントラストが鮮やかだとか、国語の先生は、いろいろと教えてくれるが、私たちが、ほんとうにこの歌の世界を生活実感として自分のものにしようと思えば、ショーウィンドウの水着などを想起するしかない。

私は、関西で教鞭《きょうべん》を取っていたので、「５５１の豚まんのコマーシャルが、５５１のアイスキャンディのコマーシャルに変わった時だ、その感覚で鑑賞せよ」と教えている。

５５１は、関西で有力な豚まんのチェーン店で、夏になるとアイスキャンディも売る。これは、関西人の常識なのである。つまり、われわれ国文学者は、さまざまな解説をして、一生懸命これを和歌表現、さらには芸術として読めるように誘導してゆくのである。

教育とは、思考を型に嵌《は》めて、固定化してゆく作業でもあるのだ。

じつは、芸術に関わる学者の大切な仕事は、芸術のⅰⅱⅲの関係性を作ってゆくことなのである。と同時に、作品自身がすばらしいものであるということを喧伝《けんでん》して、作品や作品集を権威化してゆくことなのである。

さて、この歌を紙に書くとしよう。字など、どんなに下手でもかまわない。それを、表装して、床の間に飾ると、その書も芸術になるのである。床の間に飾れば――。

床の間は日本家屋の芸術文化センター

床の間にそれらしく飾れば、タワシでも芸術になるのだから、どんなに字として下手でも、芸術となるのである。字として読めなかったら、「独特の崩しで、読めませんが味がありますねぇ」と言えばよい。あまりにも下手に見えたら、「一見、下手に見えますが味わいが深いですねぇ」と言えばよいのだ。つまり、床の間という空間は、ⅱの表現者と鑑賞者を繋ぐ場となるのである。

床の間は、日本家屋における一つの芸術文化センターであって、

美術品……絵、人形、器、タワシ（？）
季節飾り……鏡餅、ひな人形、武者人形、七夕飾り、月見団子、裁縫道具（？）
植物……生花、華道の作品、鉢植え

を飾ってもよい。そこは、自分が、今見たいもの、家族に見せたいもの、客に見せたいものを飾る場所なのだ。ちなみに、建築史では、日本住居家屋に、いつ床の間が取り入れられたかについては、さまざまな議論があるところだ（太田博太郎『床の間―日本住宅の象徴―』岩波書店、1978年）。本書では、一応、江戸時代初期として議論を進めてゆくことにする。

旧家が所蔵する骨董品《こっとうひん》といっても、そのほとんどは、床の間に飾るものである。わが家の場合、祖父と祖母は、一九三〇年代から五〇年代にかけて、それなりに事業に成功していたので、収集した美術品もあった。それぞれの箱には、箱書きがあり、さらに、伝来の経緯が書かれた由緒書もあったが、母と相談してすべて売却した。というのは、相続者たちが床の間のある家を持つ可能性などほとんどないと、二人で判断したからである。私もアパート暮らしであり、床の間のある家など望むべくもない。

私は、すべて、記録写真を撮り、その写真帳を記念品として、一つ残らず売却した。

偽物も多く、恐ろしく安い金額にしかならなかったが、それらの調度品たちが各地で元気に活躍していることを祈るのみだ。その売却金は、母の数か月分の介護資金とあいなった。

床の間からはじまる会話

由緒正しいお屋敷や、高級な料亭に招かれたら、まずは床の間にあるものをじっくり見ればよいのである。何もわからなければ、何も言わない方がよい。一見して、「はぁ」とため息をついていれば、よいのである。すると普通は、主人の方から、懇切丁寧に説明してくれるものである。もし古美術に詳しくても、余計なことは、言わない方がよい。主人の側に、あまりに知識がない場合もあるし、うっかりと主人のプライドを傷つけてしまうこともあるからだ。そういう時は、こう言うに限るのだ。

何も、わかりませんが、心が洗われます。眼福《がんぷく》です。すばらしいものを見せてもらいました。

「何もわかりません」が基本であることをお忘れなく。主人が好意で飾ってくれているものを「とやかく」言うのは、失礼千万な話である。

一方、こんな下品な主人も時にはいる。床の間の芸術品の値打ちがわかるか、クイズで問いかける人である。「これは、誰の作品かおわかりになりますか」などと。この挑発に、うっかり乗ると大変なことになる。とある料亭で、うっかり絵の作者を答えたがために、蔵から続々と美術品が室に運び込まれてきて、私たちはそれらの美術品を二時間半にわたって誉め続けなければならなくなったことがあった。ために、ろくに食事も味わえず仕舞い――。そういう下品な店には、二度と行きたくない。

客と芸術

「床の間」は寺院建築の装飾空間が、住宅のなかに取り入れられ、定着したものであるが、いわば、無用の用の空間である。だからこそ、芸術の空間になるのである。床の間こそ、日本家屋の美術館なのだが、その床の間に何を飾るかは、主人の知力、財力、趣味、などによって決まる。しかし、大切なことは、それは客をもてなすための空間のなかにあるということだ。

二十年も前のことだが、とある京都の老舗旅館で、四月の終わりころに『万葉集』の研究者の会合をしたことがあった。通された一室の床の間には、菖蒲《しょうぶ》の葉を束ねたものが三方《さんぼう》の上に置かれていた。三角形に折られた和紙が敷かれ、その上にお供えするかのように菖蒲の葉が置かれていたことを、昨日のことのように思い出す。顔を近づけると、その香の芳しいことこの上ない。

老教授が、それを見て、「もう端午の節句だね。菖蒲湯だね」と呟《つぶや》いた。ところが、われわれ若手で、この趣向に気づいた人はいなかった。情けないことだ。さんざん飲んで、旅館をあとにする時に、女将《おかみ》から全員にお土産を渡されたのであるが、それが先ほどの菖蒲の葉の束であった。

お家で、菖蒲湯しておくれやす。

二十年経っても、この会合に参加した人は、話が出るたびに、この老舗旅館の菖蒲の話をしている。私たちは、この一件で、床の間文化の奥ゆかしさを知ったし、一切知識の押し売りをしない、旅館側の姿勢にも好感を持った。

菖蒲の花を生けるのなら、誰でも思いつくだろうが……。床の間に、何を飾るか、教養がものをいうが、教養をひけらかさないところが、またすごいのである。

日本の芸道は客をもてなすところに始発点がある

茶道にしろ、華道にしろ、香道にしろ、舞にしろ、日本の芸道というものは、客をもてなすためのものである。したがって、常に客人というものを念頭に置いている。だから、その一つが突出することを許さない。「わび」とか「さび」とかいろいろいうが、それは基本的には客が落ち着くということを念頭にするものである。お客さまに、くつろいでもらうということが前提の芸道である。展覧会で一等賞を狙うためのものではないのである。

だが、その客にも、いろいろある。主人は、その客の趣向というものを合わせて、もてなしをしてゆくのである。京都の老舗の料亭や茶屋が、一見《いちげん》の客を嫌うというのは、一種の伝説でしかない。なぜならば、最初は皆一見さんだからである。最初に来店する場合は、紹介者が、一見の客の趣味を十分に店側に伝えるのである（だから、一見さんお断りではなく、紹介者必要ということなのである）。店側が好むのは、当然金のある客だ。お金さえ落とせば、何も文句はいわれない。ただし、変な客を入れると店の格が下がるので、紹介者が必要というかたちを取るにすぎない。こうなると紹介者は、店側に気を使って、信用ある人しか紹介しないのである。

しかし、一流は違う。そこで提供されるお茶も、お花も、舞もすべて連動しているのだ。その一つだけが突出することもない。ただ、客をもてなすことに主眼を置いて、一つの空間を提供するというのが、京都の老舗のサービスなのである。すべては、客のために――、がスローガンなのだ。このように、万事が万事、日本の芸道は客をもてなすところに始発点があるのだ。

神も客である

そのお客さんが、常に人間であるとは限らない。なぜならば、神もまた客となることがあるからである。本書では、精霊信仰と祖先信仰を中心に、日本の宗教文化を語ったが（第三章）、もう一つ、忘れてはならない神の信仰のかたちがある。いわゆるマレビト信仰というものである。「マレビト」とは、簡単にいえば、遠くからお客さんとしてやって来る神のことである。このマレビト信仰に着目をして、広く日本文化論を展開したのが折口信夫であった。

折口がマレビト信仰について考えるきっかけとなったものの一つに、春日若宮のおん祭がある。春日の若宮さまが、十二月の

保延2年（1136）、関白藤原忠通の時代から続く春日若宮おん祭。撮影／桑原英文

一日だけ里に降りてきて、人間たちのもてなしを受ける祭りである。この祭りを見ていると、神に対してもっともすばらしい酒食、神に対してもっともすばらしい歌舞を捧げることが、神を祀る人にとって大切だということがわかる（春日大社、奈良市春日野町）。

神祭りにあたっては、なるべく型を踏襲しようとするので、春日若宮のおん祭の歌舞は、古いかたちを残しているのである。だから、白い浄衣で舞う細男《せいのう》など、ここでしか見られない芸のかたちを見ることもできる。中世において、大和一国で活動していたすべての芸能者の末裔《まつえい》たちが、ここに集まり、自らの芸を神に披露するのである。したがって、春日若宮のおん祭は、芸能の博物館とか、生ける芸能史などといわれている。

見られることを意識することから芸能は生まれる

このように、春日若宮のおん祭について考えてゆくと、調理も音楽も舞も、客としてやって来る神をもてなす神事から生まれたことがわかる。しかし、神へ捧げる神事である限り、その表現というものは、型が踏襲されてゆくだけで、磨かれてゆくことはない。表現が磨かれてゆくのは、見る人、聴く人がいるからである。つまり、厳しい観客が生まれないと芸能というものは生まれないのである。一度も高座に立たずに、落語家にはなれないのと同じである。

『万葉集』を読んでいると、さまざまな宴会に呼ばれて、歌を披露している人物がいる。彼らは、宴会に呼ばれることによって、自らの芸を磨き、また収入を得てゆくことになる（上野誠『万葉びとの宴』講談社、２０１４年）。つまり、見られることが意識され、宴によって歌の芸が磨かれてゆくのである。

こう考えてゆくと、万葉歌の母胎の一つは、あきらかに宴なのである。すなわち、日本の芸道、芸能、芸事が客をもてなすところからはじまり、やがて、磨かれてゆく道筋が見えてくるのではなかろうか。

易しいことを磨く日本の芸道

日本の芸道といっても、客をもてなすためのものだから、難しいことをやるのではない。お茶を出したり、花を生けたり、香を楽しんでもらったりと、みんな誰にでもできることばかりである。日本の芸能も同じだ。能、狂言、歌舞伎といっても、サーカスのようなことはほとんどしなくてよいし、バレエのように体を鍛え上げることも、それほど必要ではない。いわば、日常生活で、普通にできることばかりである。

ところが、誰にでもできることを、徹底的に磨き上げてゆくことに熱中するのが、日本の芸道、芸能というものである。では、日本の芸道は何を求めるのかといえば、型である。型を身につけることが求められるのである。茶道のお稽古などを見ていると、私には、あまりにも些末《さまつ》でまどろっこしく見えてしまう。が、しかし。茶室や茶会の空間では、型があるから茶道になっているのだ、と思う。

また、私は能を見に行くと、ほぼ十分以内に熟睡してしまうが、ある時に学生たちの演能会に行って、能楽師のすごさがわかった。素人の能など、見ていられるものではない。舞台に立っただけで、立ち現れた姿が違うのである。同じ衣装を着ていても、一秒で能楽師かどうかわかる。能楽師の野村四郎（１９３６―）が、

上野先生、舞台をまっすぐ歩くことだって、ほんとは難しいですよ。人間というものは、歩くことにだって一人ひとり癖がありますから。また、まっすぐ立つことは、もっと難しいです。だから、私たちは、先輩たちの作った美しい型に学ぶしかないんです。

と言ったことを今、思い出す。私は「野村先生、そうなんですかぁ……」と、思わず唸《うな》ってしまった。

誰にでもできることを突き詰めてゆくというのは、宗教でいえば、易しい行、すな

わち「易行」である。難しい経典なんか、読まなくてよろしい。教理なんかわからなくてよい。ただ「南無阿弥陀仏」と言いなさい。「南無妙法蓮華経」と唱えなさい、というのと同じである。ところが、易行によって、生き方までをも変えようというのである。これが案外、難しいのだ。苦行なんか、一瞬だが、易行は、日常生活すべてが行になるのだから。

茶道、華道、能、歌舞伎といっても、皆、易行だ。でも、誰でもできることを、突き詰めてゆくことこそ難行なのだ。前にも述べたが、私は新幹線の掃除を見ると、時として涙ぐんでしまう。それは、真の求道者の姿である、即天去私の人の姿だからだ（129〜130頁）。易行を一心に行なう心性が、顧客の満足度を高めるものづくりに繋がって、日本型資本主義を生み出したという寺西重郎の意見を、今思い出している読者も多いことであろう（130頁）。徹底的に型を追究してゆくのが、日本の型の文化なのである。

型があるから型破りがある

私は、小学校二年生から四年生くらいまで、街の書道塾に通ったが、筆の持ち方から、墨の磨《す》り方まで型があり、半紙にお手本通りの字を書くことばかり練習をさせられた。だから、それなりの字を書くとは思うが、自信はない（中途半端にうまいから、きわめて下品だと思う）。おそらく、そのまま書をやっていたら、ある段階から、型を崩したり、個性を伸ばしたりする教育が行なわれたのであろう。基本的には、徹底的に型に嵌め込み、そこから型を崩したり、破ったりする修行があるのが、日本の芸道なのだ。

ちょっとおもしろい例を出そう。滋賀県の小中学校の書道教育は、全国的にもユニークなものだ。基本的に、型の教育をしない。つまり、生徒が自由に書くので、字がアートになっている。字の大きさの指導も、墨の濃淡の指導もないので、展覧会に行くと、ほぼ絵画展と同じなのである。生徒たちは、互いの書を見つつ、自分の表現を探すのだというが、じつに清々《すがすが》しい。全員がアバン・ギャルド。

ところが、文部科学省にも、保護者にも、この方法はすこぶる評判が悪い。私は、この方法もありだとは思うが、指導の先生の力量に左右される指導法だと思う。教えるなら、型通りの方が楽に決まっている。だから、私は、滋賀県の書道教育の今後をずっと見続けていたい、と思う。

滋賀県の書道教育を知って、書道史研究の中村伸夫（１９５５―）に聞いたところ、以下のことを教えてくれた。書は日本の小中学校では国語教育の書写と教えられ、高校になると芸術教育の一環として教えられる。中学校までは、国語の書写だから、皆が読める字を正しく書くことが求められるが、高校では芸術科の書道になる。ところが、小中の生徒に実際に筆を持って教えようとすると、体から体、心から心へ伝わることになるので、個性と芸術の側面が、国語教育の書写においても生まれることになってしまう、という。私は、中村の言葉を聞いて、日本、中国、韓国においては、芸術のなかでも、大きな一分野となっている書について、考え込んでしまった。

型、型破り、型無し

基本的には、日本の芸道の初期の指導は、徹底的に型を仕込んでからでないと、型を崩したり、破ったりすることを許さない。よく師匠から、型の崩しや破りができるのは、型があるからで、「型無し」はいけません、と言われる。

型の文化というものは、じつにおもしろくも恐ろしいもので、それは、日本のクラシック音楽教育にも、あてはまる。日本の音楽大学ほどシステマティックな型教育をしているところはなく、日本の音大生ほど、正確に演奏したり、発声できる音大生は世界にいないそうである。しかも、平均点は断トツで一位ということだ。ところが、これは全員を秀才にする教育で、天才を生み出す教育ではない、といわれている（もっとも、天才とは型からはみ出る人ではあるが）。

ちなみに、私はクラシック通ではないが、平均すれば日本のオーケストラは、世界一だと思う。欧州に行くと、あまりにもレベルがばらばらで、ピンキリな感じがする。ただし、トップ級になると、気品においても、大胆さにおいても、日本のオケなんて足もとにも及ばない。観客に訴える力、そのものが違う感じがする。

笑ってしまったのは、ドイツのフランクフルトの劇場でオペラを観た時のこと。あまりにも歌手の独唱（アリア）が凄《すご》すぎて、観客が総立ちになって拍手が鳴りやまないことがあった。指揮者も困り果てた仕草で、次に移ろうと試みるも、観客はどうにもこうにも承知しないのだ。そこで、同じアリアをもう一度、歌手が歌ったことがあった。ただし、二回目は演奏をシンプルにして、声が引き立つようにして歌わせたように思う。これで、ようやく観客もおさまって、先に進んだのであった。日本の場合、そんなことは、まずない。日本のクラシックは、型を守るものだからだ。

型破りの絵

「型を覚えなさい。型を覚えなさい。型を守りなさい。型を守りなさい」と、お師匠さんは、常に言う。しかし、いつの時代も、型を破る人びとがいる。そして、型を破った人びとを応援する人びとがいる。ところが、その型破りも、また型となってゆくから不思議だ。おそらく、尾形光琳の絵画は、型破りのはずだが、その追随者は続いてゆく。伊藤若冲の絵画も、人気を博して似たようなものができてゆく。芭蕉は型破りの人だと思うが、その追随者たちがまたできるのである。そして、それがいつの間にか、型になるのだ。

厳しい掟《おきて》、強い束縛、保守的な風土こそ、むしろ芸術には必要なのかもしれない。反発によって、新しい型ができたということは、むしろ偉大なる伝統の成果だと、私は思う。どうだろうか。

型と型破りの日本の芸道

日本の芸道というものは、型の習得からはじまるものであり、型を守らなければ、芸道ではない。だから、型と格闘しているといえるだろう。歌舞伎は、世界の演劇のなかでも、これほど様式化が進んでいるものはない。それは発声から、しぐさ、音楽に至るまで、すべてに型があり、型通りにやらないと歌舞伎にならないからである。しかし、歌舞伎ほど型破りの芸術もない。ど派手な衣装を見よ。ところが、である。型を破っても、それがすべて新しい型となってゆくのだ。そしてまた、破られてゆくことになる。歌舞伎に似た演劇に、中国の京劇があるが、型を守るという点では、京劇の方がよく守っている、と思う。日本の歌舞伎は、型破りできても、それもまた型になってしまうのだ。

私は、学生たちとよく歌舞伎にも行くが、学生たちは、授業の一環だから事前にストーリーを調べてくるし、イヤホーンガイドを聴き入りながら観劇する学生も多い。さすがにこれには注意を与えるが、観劇中にメモを作る学生もいる。私は、こう注意を促す。

君たち、勉強もよいが、劇場に来たら、まずその雰囲気を楽しんだらどうだ。今、自分がここにいて、役者がいて、という場の感覚を大切にしなさい。勉強するというより、その雰囲気に浸る感覚を大切にしなさい。

と。私は日本演劇においては、ストーリーなんていうものは、どうでもよいものだと思っている。つまり、観るというより、その空間に浸るものであると思う。能の謡いの緊張感、歌舞伎で人気役者が出てきた時の客の反応、観客にすてきな着物を着ている人はいないか、などなど。雰囲気を楽しんでほしい。歌舞伎役者が、大見得を切る時は、客との呼吸を大切にしているので、その間のカッコよさなども、学生たちには感じてほしい。そうして遊んでいれば、少しずつ好きになって、ストーリーも知ろうと思うようになるものなのである。

演じられる能や歌舞伎のストーリーなど知らなくてよい

第一、日本の伝統芸能は、一回の観劇ですべてのストーリーがわかるようになんか設計されてはいない。簡単にいうと、何度も見ることを前提として、舞台作りが行なわれているのである。だから、年がら年中あたり狂言ばかりをやるのが、日本の伝統芸能なのだ。正月ならアレ、夏ならコレ、と年中行事で毎年やっていると思えばよいのである。一昨年見た時には、まったく飲み込めなかったが、今年、同じものを見て、ようやくわかったぞ。それでよいのである。

もう一つ、注意しなくてはならないことがある。日本の伝統芸能というものは、一人で見に行くものではないのである。好きな人同士が、語り合って見に行くもので、ストーリーは、何度も見に行っている人から教えてもらうものなのである。そのために、長い長い休憩時間が設定されていて、お弁当を食べたり、おしるこを食べたりするものなのである。おしゃれをしていって、美味《おい》しいものを食べ、友達とおしゃべりするために、芝居なんてあるものなのだ。遊郭や歓楽街を含めて芝居小屋のあるところは、江戸時代においては「悪所《あくしょ》」といわれていたが、悪所だから魅力があるんだな、くらいに考えておけばよいのである。

歌舞伎は「悪所」の芸能である

だから、日本の伝統芸能は、観劇歴の長いお年寄りに連れていってもらうのが、一番なのである。そうすると、知らなくてよいことまで教えてくれる。歌舞伎に行って、九代目さんは、さんざん女遊びに明け暮れていたけど、最近は上達して少しは見られるようになったね。でも、まだ五億の借金あるらしいけど。

などという会話を聞いて楽しんでほしい。これ以上は、あまり書けないが、噂話を楽しむのも、日本の歌舞伎鑑賞の正しく好ましい姿である。

じつはね、あの役者さんとこの役者さん、兄弟ということになっているけど、ほんとのところはね……。

などという話を聞けば、もう眠たくなることはないだろう。私は、日本の全歌舞伎役者に言いたい。歌舞伎が愛されるためには、全歌舞伎役者が「悪所」の芸術であることを自覚して、連日ワイドショーで騒がれるような行動を取ってほしい。法律に触れない範囲で。

能も、狂言も、歌舞伎も、文楽も、お勉強になったら、おしまいだと思う。私とて、日本の伝統芸能の将来の観客のために、舞台が跳ねたら、学生たちに苦しい家計のなかからおしるこぐらいはご馳走している。そして、おしるこを啜《すす》りながら、学生たちと危ない話に興じている。歌舞伎界の未来のために――。

日本の芸能も食べることと結びついている

芝居でもよいし、相撲でもよいのだが、劇場でお弁当が売られていることもあるし、人気役者や人気力士にあやかったお饅頭《まんじゅう》や煎餅《せんべい》が売られている場合も多い。これは、劇場というものが、お祭りの空間と同じで、ハレの空間だからだ。かつては結婚式にも、お葬式にも、お土産すなわち引き出物が付いていた。結婚式には紅白のお饅頭、葬式には葬式饅頭というものが参会者に配られていた。

これには意味があって、式に参加しなかった人びとも、引き出物の食べ物を食べることによって、間接的に結婚式やお葬式に参加したことになるからである。つまり、祝福や供養の輪が広がるのだ。これは、民俗学者のみならず、多くの日本文化研究者も注意していたところであった。

こう考えれば、芝居の土産も、わかりやすい。芝居や相撲の場合、家族や友人と芝居を見て楽しい時間を過ごすことができました。だから、その幸福感を他の人にも分け与えたいのです、という発想なのである。つまり、感動の「お裾分け」「お福分け」なのである。祖母の家庭菜園の収穫物の、ご近所さんへのお届け物と同じように、貰った側は、自分が観劇に行けば、自分もまた劇場で土産物を買って、お返しするので、ここで感動の「お福分け」のネットワークのようなものが出来上がってゆくのである。私の見るところ、この伝統をよく残しているのは、歌舞伎と相撲だと思う。

日本のお土産文化

旅行も芝居見物と同じように、物見遊山の一つなので、楽しんだら、必ずその「お福分け」をしなくてはならない。だから、日本人は、土産物の購入量については、私の見るところ世界一なのだ。ただし、交換し合うお土産は、少額のものに限られる。それはなぜかといえば、より多くの人に「お福分け」しようとするからである。いや、しなくてはならないからである。

「お蔭さまで、今日は、ええ芝居見せてもらいました」「お蔭さまでええ旅させてもらいました」と言いつつ、「つまらんもんですが」と言って、ほんとうにつまらんもんを渡すのが、「おつきあい」というものなのである。なぜ、「つまらんもんですが」と言うかというと、それは、よいものだと言うと自慢することになるからだ。そうやって、人的ネットワークを作ってゆくのである。

ホモ・サピエンスは、食糧も交換するが、幸福も交換し合うのである。ことに、日本人は、芸術の楽しみも独り占めしないのである。それは、与えればまた貰えるということを知っているからだ。

私からいわせれば、「芸術こそ人間の崇高なる最高の営為である」というような芸術至上主義などというものは、一人よがりの思い上がりにしか思えない。愚かなエリート主義だ。なぜならば、芸術といっても、人と人、人と地場との関係性によって成り立つものだからである（ⅰⅱⅲ、197頁）。さらに、人は、芸術を通して、人と人とを繋いでゆく生きものだからだ。

与えるから貰える芸術や学問の感動

ホモ・サピエンスの生き残り戦略のうち、一番重要だったのが、食糧の、①生産、②貯蔵、③授与、④受領であった。これは、「芸術」「学問」についても同じである。

① **芸術や学問の知を作る。**
② **芸術や学問の知を溜める。**

③　芸術や学問の知を与える。
④　芸術や学問の知を貰う。

食べ物を作り、溜め、与え、貰うように、知も互いに贈与しながら、時に流行させ、時に発展させ、時に退化させてゆくものなのである。芸術や学問は創造性だというが（①）、個人が収集取得したり、美術館や図書館に蓄積することも大切である（②）、さらには溜められたものを与えることも重要で、観る機会、聴く機会がないと広がってゆかない。だから、与えるという機会が必ず必要なのである（③）。もちろん、それを受け取り、貰う人も必要である（④）。貰った人が、さらに作ったり、溜めたり、与えたりする人にもなるわけで、そのなかで、流行ったり、廃れたりしてゆくのが、学問や芸術だといえるだろう。

しかも、この①～④は、他のさまざまな人間の活動、

食物・芸術・学問のしくみ

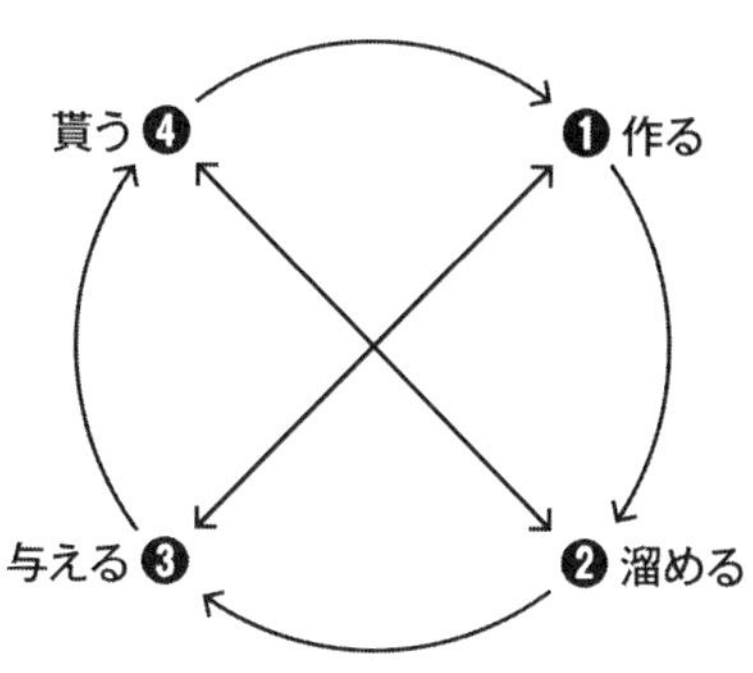

たとえば経済活動や政治運動と結びついている。芸や知識を与えることで、食糧やお金を貰うこともあるからだ。

知識を贈与・交換する人生

私は、『万葉集』の知識を溜めて、人に与えて、バナナ（お金）を貰っている。私のビジネスモデルは、多くの人びとが、そんな知識は必要ないだろうという希少価値の知識を売って稼ぐというかたちだ。しかし、その知識も、元をただせば、師から教えられたものである。師から与えられたものに、ほんのちょっぴりアレンジを加えることがあるが、それが学問を作るという行為だ（①）。

私は、バナナを得ようとして、苦労して大学院まで行き、たくさん授業を受けた。そして、今でも、図書館にも行き、学会にも行っている（②）。

もちろん、芸術や学問にもいろいろあって、たくさんバナナが得られる分野もあれば、ほとんど貰えない分野もある。さらには、芸術家、学者にも、理不尽なことだが、バナナをたくさん貰える人と、ほとんど貰えない人たちがいる。

私についていえば、この三十年間は、少ないながらもバナナを貰うことができているのだから、幸福だったということにしておこう。もちろん、もっとバナナをたくさん貰いたい。たとえば、この本がたくさん売れれば、たくさんバナナを貰えるはずだ。しかし、貰ったバナナをすべて食べるわけにもいかないのが、つらい。私が貰ったバナナの大半は、本代に消える。本を読んで、知識を溜め、ほんの少しアレンジして、再生産、再輸出しないと、未来のバナナが入ってこないのだ。

　そうそう、情報収集のために、研究者たちといっしょに酒を飲むことも大変重要だから、いつも、貰ったバナナはすぐになくなってしまう。でも、私が仲間たちに、新しい知識を与えると、仲間たちもまた私に新しい知識をくれる（③④）。だから、仲間との輪のなかにいないと、バナナが得られにくくなってしまうのだ。

　知識とバナナをどう交換、贈与するか、それが私のこれまでの人生の課題であったし、これからも大きな課題となるであろう。

藁《わら》しべ長者になれるとよいのだが――。

第六章

歴史の知恵

大陸、半島、島国。東アジア隣国の付き合い方

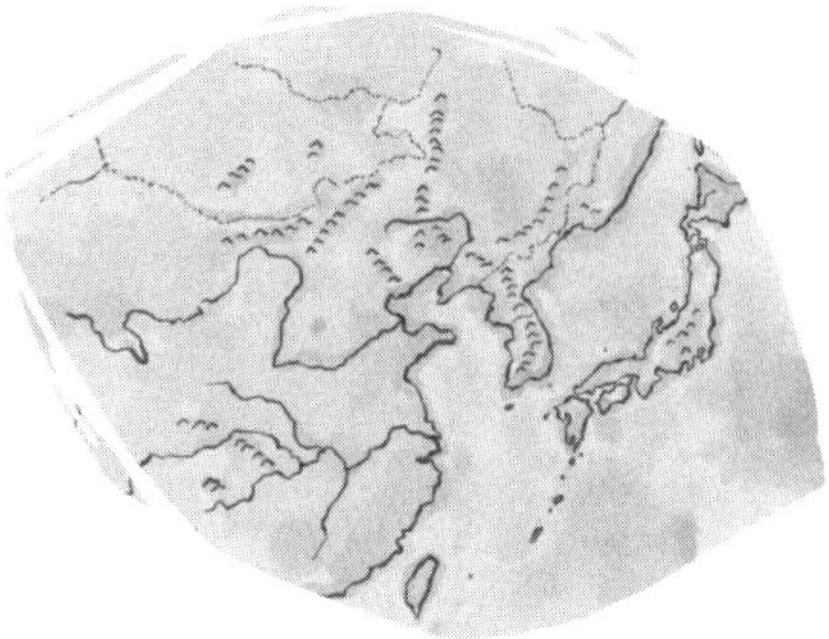

中国、朝鮮半島、日本は漢字文化によって結びつきが強かった。

儒教か仏教か自然崇拝か？

今日の日本人の行動様式において、一番影響力の大きい文化的要素は何だろうか。儒教か、仏教か、それとも自然崇拝か。意外に思う読者も多いかもしれないが、それは、近代の〈学校〉や〈工場〉〈会社〉のシステム、システムを動かしている思想であろう。

日本文化といっても、すでにグローバルな世界文化のなかにあるのだ。このシステムは、

①**徹底した時間管理（遅刻ハ厳禁デス）**
②**生産性を上げるための効率性の重視（無駄ハダメデス）**
③**競争と競争を保証する公平性の重視（清ク正シク競イマショウ）**

などの特徴がある。時間を管理するので、遅刻や欠席にうるさく（①）、フランス革命以来の人権思想によって運営されている（③）。

この〈学校〉〈工場〉〈会社〉のシステムは、基本的にはグローバルなものだから、

世界中、同じような思想によって運営されているはずだ。だから、日本人も、時間を守り、無駄をせず、競争しながら生きている。濃淡はあるにせよ、世界中の人びとも同じであろう。ところが、実際の運用ということになると、地域ごとで違う。

グローバルな考え方では、学校では、教える義務が教師にはあり、習う権利が学生にはあるはずだが、日本の場合は、教師と学生は師《し》と弟《てい》の関係で捉えられることも多い。つまり、権利と義務の関係ではなく、忠と孝の関係で、教師と学生が結びついていた（いる）のだ。前述したように、前近代の日本社会はもともと契約思想に基づく権利と義務の関係はなかった。

だから、今日においても、礼をもって教師に接することが、学生には求められている。〈学校〉〈工場〉〈会社〉のなかにおいても、報恩と感謝ということが常に構成員に求められ、その礼に従わないものを排除したり、いじめる裏のシステムすらもあるのである。日本企業といえども、それは巨大な村なのだ。

儒教的人間関係

儒教といえば、前近代の日本における人間関係の基本である。いや、そのものだ。これは、長い修行期間を要する伝統の継承には適している。つまり、師弟関係でものごとを伝えてゆくと、型がよく守られるのである。政治家になるために政治家の秘書をする。お茶の先生になるために、お茶の先生の弟子になる。落語も講談も、舞も、みんな同じだ。

では、その時に、弟子に求められるのは、何であろうか。それは、まず第一に、師への忠誠心である。これがないと、弟子にしてもらえない。しっかり修行をしたことを、次のような言い方で人に自慢する人がいる。

私は、○○先生の下で、十年間もかばん持ちをしました。

かばん持ちは、修行には入らないはずである。かばん持ちをしたからといって、政治家になれるわけでもないし、落語や講談がうまくなるわけでもない。言わんとするところは、私は師に対して忠誠を尽くし、師はその忠誠心を受け入れて、自分を育ててくれたということだろう。

私は、昭和の終わりの大学生であり、大学院生だったが、当時の学問修行は、研究室のお茶汲《く》みと掃除から始まって、かばん持ちだったような気がする。忠誠を尽くし、師から愛されれば、十分に指導もなされる。だから、上達も早い。これは、優れた教育方法ともいえるだろう。

しかし、もちろん、弊害もある。情実人事の温床となりやすいのだ。私は、実力があっても、教授になれなかった天才児を、山のように見てきた。

儒教的人間関係の濃淡

私が知っているのは、中国、韓国、アメリカの大学、それもごくごく一部の大学のシステムでしかないが、教育に儒教の影響が残っている中国、韓国の教師と学生の関係は、よくも悪くも、師弟関係や親子関係に近い。やはり、同じ東アジア文化圏の日本に近いのだ。③の競争を重視するならば、徹底的な能力主義が取られるはずだが、日中韓は、能力主義も重視されるけれども、師弟関係も重視される。ただし、日中韓でも差があって、私から見ると、日本より中韓の方が、意外にも組織運営が権利関係に基づいてドライに行なわれているように見える。グローバルなシステムに忠実なのかもしれない。つまり、儒教的人間関係を強く拒絶しないと、すべてが情実人事になってしまう。

このように、グローバル化は世界中で進展しているのだが、浸透度や制度の運用については、その地域、地域の特性が反映されるのである。世界同一性の強い〈学校〉〈工場〉〈会社〉などのグローバルな組織においてさえ、システムの運用が違うのは、その組織の背負っている歴史が違うからにほかならない。だから、東アジア文化圏のように儒教の影響が大きかった地域では、組織運営においても儒教の影響が大きい。しかし、その儒教的な運用のありようも、また細かく見ると国や地域によって違うのである。〈学校〉〈工場〉〈会社〉のようなグローバルなシステムにおいても、文化的差異が存在しているのである。つまり、各国、各地域のグローバル化といっても、その国や地域社会の背負っている経験によって左右される部分もまだ大きいのだ。

知恵になってゆく経験

経験は、知恵として、個人や集団、地域のなかに蓄積されてゆくものなのである。また、身内の話をして恐縮だが、一つの例を挙げよう。

私の父、康正（１９２０―１９８７）は、寝る前に必ず翌日に着る衣服を枕元に置いていた。その上、衣服にボタンがある場合は、ボタンを外して、少し襟元を立てて畳んで、寝ていた。理由は二つあって、祖父が関東大震災の被災者であったこと。もう一つは、父が太平洋戦争時の空襲を体験していたからである。

しかも、海軍生活のなかで、実際に空襲で大火傷《やけど》していて、その後遺症によって終生苦しんでいたからだ。そのため、夜中に火事や地震が起きた時のことを常に考えていたのであった。そういえば、父は、風呂の残り湯は、夜中はそのままにして、翌日捨てていた。これも、戦争を経験した人間の知恵である。

私は、これらの習慣を残念ながら引き継がなかったが、阪神・淡路大震災の余震が続く時だけは、父の教えに従った（1995年）。阪神・淡路大震災時、父はすでに死んでいたが、父の姿が蘇《よみがえ》ったのである。

もう一つ、身内の話。私の家では、一九八〇年代まで、煙草を吸う客が使った座布団は、ひと晩必ず座敷に置いたままにして、翌日、押し入れに収納していた。煙草の火が座布団の綿のなかに入り込み、しばらくして発火することがあるからである。祖母は、「座布団の綿に火が回る」とよく言っていた。戦前、一度、ボヤを出したことがあるらしく、こうした行動を取っていたのである。

つまり、経験は、知恵になるのである。

日本仏教の特性

仏教の定着のありようにも、日本的な特性がある。仏教は、東アジアに広がるグローバルな宗教のはずだが、日本には、日本の仏教があるのである。

日本仏教はサンスクリット語やパーリー語から学習された仏教ではなく、漢訳仏典を通して学習された仏教である。中国化した仏教が、日本に導入されているのである。中国では、儒教の影響で、祖先崇拝が仏教信仰の中心になっていた。したがって、日本の仏教信仰も祖先崇拝を中心としている。江戸時代においては、寺が一般の人びとの身元保証の証明書を出していたので、家々は、どこかの寺の檀家になる必要があった。これが一般にいう「寺請《てらう》け」である。

この「寺請け」によって、「寺檀制度」が確立した歴史があるのである。寺檀制度の定義は難しいが、〈お仏壇〉と〈お墓〉と〈お寺〉をセットにしたシステムであると考えるとわかりやすい。つまり、どの家も、どこかの寺の檀家にならなくてはならないのだ。

しかし、この寺檀制度は、家とその祖先崇拝を中心としているので、家がなくなると崩壊してしまう。今日においては、直系家族が家を守る家制度がなくなりつつあるので、寺院の経営が難しくなってきているのだ。もともと、寺請けによって寺檀制度ができたために、日本ではこれほど寺院が多いのである。だから、日本には津々浦々にまで、寺院があるのだ。したがって、家を入信の単位とした日本仏教では、その寺院経営は、今後も困難を極めるであろう。

ために、仏教の定着のあり方にも、日本的特性というものがあるのである。仏教はアジアの広範囲に広がった宗教であるが、各地域の仏教はそれぞれの歴史を背負って、その地域に定着しているのだ。

日本仏教が、祖先祭祀《さいし》を中心に担い、慈悲を中心としたやさしい教えを説くのは、こういった日本仏教の土着化のありように由来するのである。

仏教は、もともと厳しく自他を律する宗教であるが、日本ではやさしく自他を救済する宗教として定着している。当然であろう。それは、檀家の人びとが喜ぶものでなければならないのだから。

つまり、歴史的経験が、今を作るのである。人も社会も歴史的経験を通して、今、存在しているものなのだ。

さまざまな歴史のかたち

このように見てゆくと、体験も歴史だし、歴史も一つの知恵であるということが理解できるはずだ。つまり、歴史とは、何かものごとを考える時に、一つの指針を与える知恵そのものなのである。ならば、歴史に対して、思索を深めてゆかなくてはなるまい。

そこで、本書では、仮に、歴史を三つに分けて、考えてみたい。

i　体験した歴史
ii　読む歴史
iii　語られる歴史

の三つに分けて考えてみることにする。平安時代の歴史の研究では、よく貴族の日記が史料として使用される。有名なものとしては、藤原道長の日記である『御堂関白記』（998―1021）がある。

『御堂関白記』に書かれた内容は、道長にとっては体験だったかもしれないが（i）、今となっては道長に会うこともできないので、私たちは『御堂関白記』を読むことしかできない（ii）。

つまり、文字によって記された歴史を読むことしかできないのである。また、大学の歴史の教師は、『御堂関白記』の難解な語句を解説し、そこから平安時代の歴史を語っているのである（iii）。

一方、体験した歴史というものを、体験者自身が語るということもある。『万葉集』の山部赤人《やまべのあかひと》の長歌に「語り継ぎ、言ひ継ぎ」という表現があるが、語ることこそ、もっとも原初的な歴史の伝え方であることはいうまでもない（巻三の三一七）。たとえば昨晩の「おいしかったぁ」「楽しかったぁ」「つらかったぁ」も、歴史なのである。広島と長崎で行なわれている原爆体験の語り継ぎ運動も、後世のために体験を伝える歴史だということができよう。

歴史を語るということは？

では、「i　体験した歴史」「ii　読む歴史」「iii　語られる歴史」が、互いに孤立無縁に別々に存在しているかというと、そんなことはない。私は、考古学者の水野正好（１９３４—２０１５）が、あまりにもおもしろおかしく古代史を語るものだから、「水野先生は、女王卑弥呼《ひみこ》に会ったみたいですね」と言ったことがある。そうしたら、「じゃあ、あんたも、柿本人麻呂に会ったことあるやろ！」と揶揄《からか》われたことがあった。つまり、読む歴史（ii）を、語る歴史（iii）にすることもあるのである。本を読んだ人が、感動を友達に伝えたくて、その本の「あらすじ」を語るのと同じことなのである。

こんなことを書くと、歴史学者や文学者から、袋叩きに遭うかもしれないけれど、学者の仕事というものも、基本的にはiiをiiiにすることについては、これと同じだ。

つまり、対象とする史料について説明することも、iiをiiiにする作業ということができる。

私たちが学生のころ、歴史学の偉い先生たちは、歴史学とは客観と実証の学問であり、講談や落語とは違うと力説していたが、講談も大学の授業も「ii↓iii」という点については、同じだと思う。歴史は、語ったその瞬間から「物語」となるのである。「『物語』は『歴史』ではない、なぜならば、それはフィクションだからだ」と言う人もいるかもしれないけれど、語るという行為自身が、すでにフィクションを作る行為なのだから、物語と歴史を分けることなどできないのである。おそらく、歴史と物語の違いは、ものを語る姿勢や志向のわずかな違いでしかないのである。

語られる歴史
→ **ものごとにフィクションを加えないように語る物語（歴史学）**
→ **ものごとにフィクションを加えることを容認する物語（文学）**

近代の歴史学は、この二つを厳密に区分しようと、この二百年ほど、涙ぐましい努力をしてきたが、それは月に梯子《はしご》をかけようとするがごとき作業であったと思う。この作業のむなしさについてけ、イヴァン・ジャブロンカ（１９７３—）というフランスの歴史家が、近年とみに力説しているところである。

歴史に対する見解の相違

では、「ｉ 体験した歴史」が、客観的で実証的かというと、そんなことはない。時間が経てば、忘却したり、変化したりするからだ。このあたりのことがピンと来ないという人は、初恋のことについて思い出してほしい。ピンと来るはずだ。いろんなバイアスが、記憶にかかっているはずだ。しかも、語る時と場によっても違うはずだ。

ｉⅱⅲの関係も、なかなか複雑である。体験者が日記を残し、それを自分で読み、さらには第三者に語ることだってあるからだ。また、自分の体験した歴史を読書で振り返ることもあるはずだ。戦後、軍人として戦地にいた人びとが、多くの戦記を残しているが、ｉとⅱを重ね

三つの歴史のかたち

合わせて、iiiにしている著作である。つまり、iiiiiiは、常に関係を持っているのであ（下図「三つの歴史のかたち」）る。むしろ、三位一体というべきかもしれない。

日本は、主として近代史において、日韓、日中との間に歴史問題を抱えているが、次の二点について注意すべきであろう。一つ目は、歴史というものは、常に三位一体で、しかもその時々で見方は変わるから、紛争があった場合、それを学問的に解決することは、まったくもって不可能であることを知っておくべきである。なぜならば、iiは何とか、客観性を保つことはできたとしても、iiiiは主観が支配するものであり、かつiiiiiiは一体なので、歴史に関する見解の相違を統一することなど不可能である、と私は考えている。

歴史に対する見解の相違はあってもよい？

もう一つは、歴史に関する見解の相違というものは、国家間のみに留まらず、地域間、時として家族間においてもあるものだということを知っておくべきである。したがって、人が生きてゆくということは、常に解決できない問題を抱えながら生きてゆくことにほかならないのである。

中国と韓国の間にも、高句麗《こうくり》問題という大きな歴史問題がある。中韓の高句麗問題

高句麗論争

高句麗は、紀元前 37 年から 668 年にかけて現在の朝鮮半島、中国東北部、ロシア沿海部の一部を領した。1990 年代以降、中国の歴史学界から高句麗は、中国の地方政権であるとの問題提起がなされ論争が続いている。

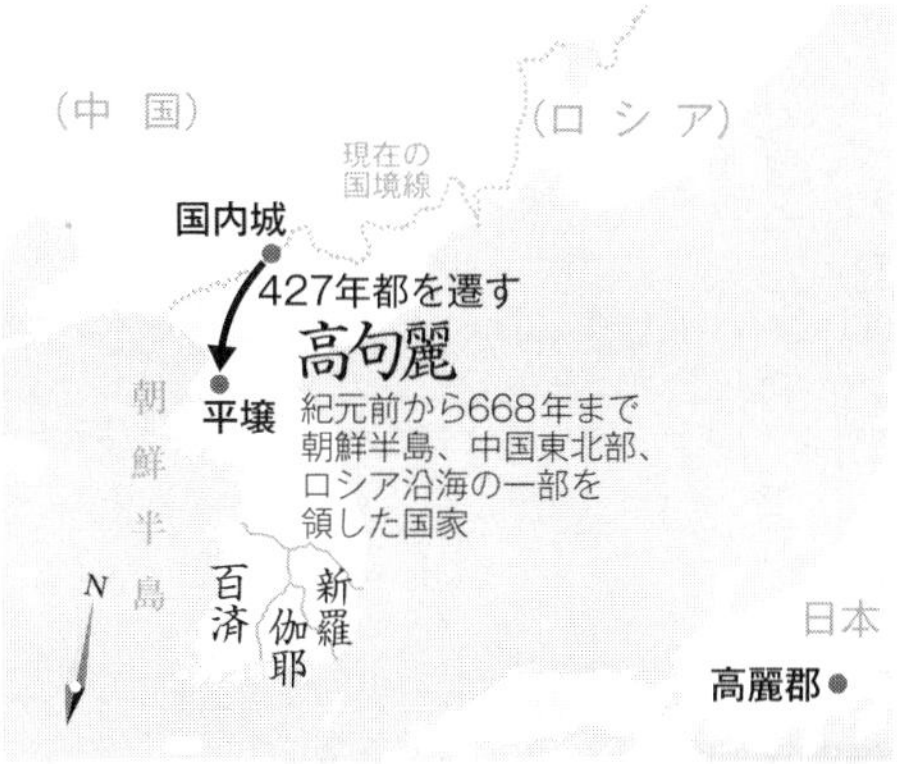

とは、次のような問題である。高句麗（紀元前1世紀頃―６６８）は、主に現在の北朝鮮地域と中国東北部にまたがる国家であった。現在、日韓においては、高句麗は朝鮮語を話す民族による国家だと考えられているが、これに対して、中国の歴史研究者の一部が、中国における地方政権の一部であると主張し、この主張をどう受け止めるか、という点について、中韓で対立が起こっているのである。

　私などから見ると、それは、現在成立している大韓民国と、同じく現在成立している中華人民共和国の枠組みで歴史を考えてしまうために起こる論争である、と思ってしまう。

　高句麗の建国者は、後の時代の大韓民国の成立を知る由もなければ、中華人民共和国の成立を知る由もない。だから、無意味な論争であると思われるが、現実の国際社会というものは、そんなに甘いものではない。朝鮮半島が統一された場合、現在の中朝国境の見直しもなされる可能性があるので、両国とも譲り合うことができないのである。歴史的見解の相違は、安定しているかに見えるヨーロッパにおいてもあるわけで、私たちは、常に歴史的見解の相違のなかで生きているということを、忘れてはならないのである。

では、われわれは、どのようにして、歴史を知恵とすればよいのか——。

歴史の知恵に学ぶ

日本文学研究のドナルド・キーン（1922—2019）とは、仕事の関係上、数回だが話したことがある。ある時、日中、日韓の歴史問題について話が及んだ。その時の言葉が、忘れられない。「隣国と仲良くするのは、じつに難しいことですよ。いや、隣国だからこそ、難しい。でも、快適にその場所に住むためには、それが必要なんですが……」という言葉だ。

じつは、ヨーロッパの戦争は、英語圏、フランス語圏、ドイツ語圏の対立から発生することが多い。だから、EUの存在意義は、その対立を回避するところにある。ヨーロッパを歩いていると、街ごとに言語が異なるといってもよいほどで、面食らうこ

●直近のフランス×ドイツの戦い

普仏戦争 1870年7月～1871年5月	プロイセンとフランス間の戦争。北ドイツ連邦などがプロイセン側で参戦し勝利。ドイツ帝国樹立をみた。フランスは、アルザス・ロレーヌ地方を割譲した。
第一次世界大戦（西部戦線） 1914年～1918年	ドイツ軍がベルギー、フランスに侵攻。英米仏などの連合軍と戦った。最後は、ドイツ革命が起こりドイツ敗北。アルザス・ロレーヌ地方がフランスに返還された。
第二次世界大戦 1940年～1945年	1940年5月、ナチスドイツがフランスに侵攻し占領。フランスはヴィシー政権を樹立し抵抗を続けた。1944年、ノルマンディー上陸作戦等が功を奏し、同年パリ解放を果たす。

独仏両国の紛争の都度帰属が揺れ動くアルザス・ロレーヌ地方。中心都市のストラスブールには、ＥＵ欧州議会の本会議場や欧州人権裁判所などが置かれ、欧州統合の象徴となっている。

とが多くて困る。ヨーロッパの歴史は、戦争の歴史でもあるのだ。しかも、それは、宗教圏と言語圏の戦争なのだ。

では、ヨーロッパで一番重要な二国間関係は、どの国とどの国の関係かというと、意外に思われるかもしれないが、フランスとドイツの関係なのである。ヨーロッパの人びとと話をすると、フランスとドイツとの関係さえうまくゆけば、ヨーロッパで大戦争は起きないよ、という結論に落ち着くことが多い。両国は、長い国境線で接しているばかりでなく、ことあるごとに対立し、戦争を繰り返してきた歴史があるからだ。ＥＵは、その発足当初から、存在意義が問われ続けているが、フランスとドイツの間の戦争を回避できるなら、その存在意義はあると、ヨーロッパの人びとは異口同音に言う。

彼らのジョークでは、「われわれは高い月謝を払っているが、しょうがないね。フランスとドイツが仲良くしてくれるのなら、安いもんさ――」と言う。

私から見ると、現在のフランスとドイツの二国間関係など、きわめて良好に思われるが、長い歴史のなかで両国関係を考えてみると、たしかに、その通りで戦争も多い。国境と言語の境界線の不一致（これは、即領土問題）、さまざまな歴史問題など、フランスとドイツとの間には係争の火種が多いのである。その歴史の知恵から、今日のＥＵも生まれたのである。

漢字によって結びつけられる日本と朝鮮半島と中国

ヨーロッパには、ヨーロッパの歴史の知恵というものがある。さすれば、東アジアにも東アジアの歴史の知恵があるはずだ。国家などというものは、その時代その時代で、かたちが変わるものだが、東アジアにおいては、主に言語の共同体ごとに国家を形成してきた歴史がある。〈日本語圏〉〈朝鮮語圏〉〈中国語圏〉の三つである。このなかで、圧倒的なのが、中国語圏の国家であり、日本も朝鮮半島の諸国家も、その周辺国の一つにすぎない。

だから、この三つを繋ぐのは、漢文の訓読なのである。簡単にいえば、訓読とは、中国語の文章を、それぞれの母語に置き換えるということである（金文京『漢文と東アジア——訓読の文化圏』岩波書店、２０１０年）。つまり、中国語圏、日本語圏、朝鮮語圏の三つは、漢文の訓読によって、繋がっているのである。たとえば、

可口可楽

という中国文があるとする。そのまま今の北京語で発音するとKĕkŏukĕlèとなる。この中国文にレ点を振れば、

可レ口可レ楽

となり、「口にすべし、楽しむべし」と訓読することができる。訓読によって、音声で聞いてもわからない意味内容を、記号によって見てわかるようにするのである。これを現代語訳すると「口にするのがよい、楽しむのがよい」くらいになるだろう。朝鮮語を母語とする人たちなら、同じように朝鮮語で訓《よ》み下すことになる。これを「吏読《リトウ》」という。ご存じの読者も多いことかと思うが、これは清涼飲料水の「コカ・コーラ」のことである。

つまり、日本語圏、朝鮮語圏、中国語圏を結びつけているのは、漢字文化なのだ。この漢字文化圏は、ロシアの一部、タイ、ベトナム、西域諸国にも及んでいる。このように漢字は、複数の言語圏をまたぐ文字文化圏を形成しているのである。

東アジアにおける国家形成の歴史

	中国語圏	朝鮮語圏	日本語圏
三世紀まで	漢～三国（魏・呉・蜀）	弁・辰・馬の三韓／楽浪郡（BC108-313）、方郡（204-313）	倭（分立）／地域外交から邪馬台国を中心とした外交へ
五世紀	南北朝	高句麗・新羅・百済帯	倭（連合）／連合外交
七世紀	南北朝から隋・唐	統一新羅へ	日本（集権）／統一外交

そこで、話を日本語圏、朝鮮語圏、中国語圏に戻そう。上の表を見てほしい。

秦《しん》（紀元前221―206）や漢《かん》（紀元前206―8）という中央集権的な統一国家が中国語圏に登場すると、周辺国家である朝鮮語圏と日本語圏も、すばやく中央集権化が進むという歴史を経験している。つまり、巨大な中国語圏のパワーに対して、抗してゆくために、一つにまとまる必要があるのだ。

日本の古代国家は、天皇を核として、豪族、氏族のパワーバランスの上に成り立つ国家だが、隋《ずい》（581―618）、唐《とう》（618―907）が成立すると中央集権化を進めてゆくことになる。朝鮮語圏も同じで、統一新羅（668―900）が成立する。日本語圏も、朝鮮語圏も、地域間対立や氏族間対立を乗り越えて、軍事と外交の一元化をしておかないと、中国語圏のパワーに飲み込まれてしまうからである。

大陸、半島、島国

そこで、下の表を見てほしい。中国語圏、朝鮮語圏、日本語圏には、地政学上の違いがある。

中国語圏の歴代の王朝は、大陸国家として、巨大パワーによって政治を行なってきた。対する日本語圏は、島国国家、群島国家ともいうべきものである。『古事記』『日本書紀』の国生み神話を読めば、一目瞭然である。国生みは、島生みで、島生みは、神の生誕の神話となっている。島国国家の特徴は、求心力がなくても、自然と一つの国家のまとまりができるところにある。したがって、自分が国家を構成する一員であるとの自覚を持つことが、あまりない。国家意識を強く持つ時は、災害や対外戦争の時だけなのだ。

ちなみに、日本という国は、玄界灘と瀬戸内海の海上交通によって成立した国家である。これはエーゲ海とギリシャ文明の関係と相似形である（規模は、まったく違うにし

東アジアの言語文化圏の特性

中国語圏	朝鮮語圏	日本語圏
大陸国家	半島国家	島国国家（群島国家）
科挙発祥・導入	科挙導入	科挙導入拒否
宦官あり	宦官あり	宦官拒絶
異民族支配あり	異民族支配あり	異民族支配なし
分裂国家経験あり	分裂国家経験あり	分裂国家経験なし
儒＞道＞仏	儒＞仏＞道	自然崇拝＞仏＞儒

ても)。つまり、船が地域を結んで作られた国家ということができる。

半島国の苦しみ

対して、朝鮮語圏の諸国は、半島国家である。陸を接しているがゆえに、常に大陸のパワーによって、その政治体制が左右される。そのため、海を隔てた日本と連携を求めようとする心性も根強いものがある。朝鮮半島の歴史は、親日／親中、反日／反中の歴史でもある。したがって、政治情勢がなかなか安定しないのである。そこに、半島国家の苦悩がある。イタリアの国家統一が遅れた理由もここにあるし、バルカン半島が、ヨーロッパの火薬庫と呼ばれる理由も、ここにあるのだ。

この点は、今日の韓国、朝鮮半島も同じである。時々の政権は、親日／反日、親中／反中で揺れるのである。このあとのことは、今は、あえて書くまい。この本の読者なら、私のいわんとすることは、もうおわかりだろう。私たちは、半島国家の特性というものを十分に理解しておく必要があるのだ。とくに、その苦しみを。

東アジアの歴史を一言でいえば、中国との関係史である。漢や隋、唐という巨大な帝国ができ上がると、朝鮮半島も日本も、中央集権化を急ぎ、一つにまとまってゆく。中国が分裂国家の時は、東アジアの緊張が緩和される時なのだ。その国際情勢の変化のなかで、一番辛酸を舐《な》めるのは、半島国家なのである。朝鮮半島は、なかなか統一が難しい。

白村江《はくそんこう》の戦い（663）も、そういった国際情勢の変化のなかで考えねばならない。唐の力が大きくなると、朝鮮半島は、早く一つの国家にならなくてはならないのである。百済《くだら》は日本と連携することで、朝鮮半島の統一を目指し、新羅は唐と連合することによって、百済と対抗し、朝鮮半島の統一を目指した。中国と日本、そのどちらと同盟を結ぶか、当時も朝鮮半島の人びとは揺れていたのである。ところが、百済が敗れ、統一新羅ができると、唐と新羅との関係は急速に冷却化してしまう。すると、反対に、日本と新羅との関係は良好になってゆく。

遣唐使、遣新羅使の派遣も、こういった巨視的な観点で見てゆく必要があるのである。そうした東アジア諸国を繋ぐ文化基盤が、漢字、そして儒教・律令・仏教なのであった。この四つを帯のごときものとして、中国、朝鮮半島、日本は地域というものを作り上げていったのである。そして、互いにバランスを取った（ている）のである。

大陸や朝鮮半島で戦乱が起こるたびに、日本にやって来た人々は、氏と姓を与えられて、この地に定着し、三世代を経ると彼我の意識すらもなくなってゆく。『万葉集』を見るとそれがよくわかる。氏姓からすれば、大陸や朝鮮半島からやって来た人びとの子孫であるはずなのだが、歌表現に差などない。それは、ヤマトウタが、日本語の歌だからだ。つまり、日本語圏に、渡来人を受け入れる仕組みがあったのである。考えてみれば、日本はその当初から移民国家なのだ。つまり、移民も日本語共同体に入れれば、彼我もないのである。

日本は科挙のない国

大陸国家、半島国家、島国国家として、中国語圏、朝鮮語圏、日本語圏の国家は歴史を歩み続けるのであるが、そこにはそれぞれに特性がある。筆者が思いあたるところを表化してみたのが前掲の「東アジアの言語文化圏の特性」の表なのである。

まず、科挙は、中国を起源とする過酷な官吏登用の試験システムである（上野誠『遣唐使　阿倍仲麻呂の夢』角川学芸出版、２０１３年）。歴代の皇帝は試験を突破した稀代のエリートたちの力によって、貴族勢力に対抗してゆくのである。ところが、日本はこの試験システムをみごとに骨抜きにして、導入しなかったのである。一方、朝鮮半島では、ほぼ科挙を踏襲する試験制度が導入されている。日本は個人の能力による社会の発展よりも、身分関係の安定化の方を望んだのである。日本型民主主義（１６１〜１６２頁）と能力主義は、じつに調整が難しいのである。じつは、能力主義を批判する言葉が「下剋上」なのである。能力主義に立てば、能力に応じて常に入れ替わるはずだ。

ちなみに、日本の国会議員は、数世代に渡って系図を書くと、そのほとんどが姻戚《いんせき》関係になるし、地盤を継ぐといっても、そのほとんどは家督相続のようなものだ。つまり、国会といっても、それぞれの地域の名家の連合体のようなものなのである。皆、二代目さん、三代目さんの世界なのだが、それが選挙で裏打ちされてゆくのだから、おもしろい。

もちろん、朝鮮半島や中国にも同じような家族主義的な政治体制はあるけれど、朝鮮半島や中国においては、権力を世襲する家族主義に対して、試験で選抜されたエリートたちが存在していて、互いを牽制《けんせい》し合っている（もちろん、迎合もあるが）。

ここからは、私の臭覚で感じ取ったところなのだが、韓国や中国の組織上部の方が、日本より学力エリートが多いような気がする。日本の場合、国会議員といっても、地方の名家から出た「おっちゃん」「おばちゃん」という感じがして、親しみやすい。見た目も、言ってはは悪いが、パリッとしたところがない。中韓の議員は、パリッとしていて、多くは学力エリートだ。日本社会は、自己改革が苦手で、そのために連続性が高いのも、科挙を導入した経験がないからだ、というのが私の考え方だ。つまり、日本社会では、学力エリートは、官僚という名であくせく働く、あくまで政治の裏方なのだ（もちろん、裏方こそ実力者ではあるが）。批判もあると思うが、おおよそ私の考え方を示しておいた。

科挙のあるメリットとデメリットと

高級官僚の不祥事があるたびに、その給与や退職金が報道される。自分の三倍の給与を貰《もら》っている、と思うと、腹も立つが、反対にこう思うこともある。あまりにも、安すぎるのではないか、と。ガサ入れ（家宅捜索）などで家を見ると、地価の高い都心の家とはいえ、また質素なのに驚く。もちろん、上野さん、天下りがあるよ、と言う人も多いが、私は各省庁のトップでこの程度か、と思ってしまう。

中国や韓国に比べて日本の学力エリートの地位は、著しく低いのではないか。私は、そう思っている。学者から、文部科学大臣へという出世コースも、今の日本では稀《まれ》だ。おそらく、その理由は、日本においては科挙を導入した歴史がなかったからであろう。受験戦争、受験戦争というが、中韓の受験戦争に比べれば、まだまだ緩やかなものである。また、中韓の社会全体も、日本以上に受験とその公平性に対して、高い関心を持っているから、大学入試の日は、厳戒態勢で臨まれる。日本社会は、中韓に比べれば、学力エリートに対する尊敬の念が薄い社会なのである。

日本社会では、一九六〇年代を除くと、学生の政治運動が政治を左右したことはない。中韓では、学生運動によって政府が瓦解したり、方向転換したりした歴史があるのだが、日本では、それがないのである。

おそらく、その理由は科挙を導入したことのない日本社会では、学力エリートや学生に対する尊敬や信頼の念が薄いからなのであろう。

日本に宦官がいない理由

さらに、考えておかなくてはならないことがある。睾丸《こうがん》の除去手術（去勢）をして、宮廷に仕えさせる宦官《かんがん》制度も、日本には導入されていないことだ。宮廷に仕えるすべての女性は、皇帝の妻となる可能性があるので、密通を防ぐための処置なのだが、これが日本では、導入されていないのだ。韓流歴史ドラマには、宦官がよく登場する。ただし、セリフをそのまま翻訳すると宦官がひどい性差別語で揶揄《からか》われたりしているから、日本語版を作る際には、セリフがすべて変えられている。とても、活字化できるものではない。

日本の宮廷社会にも、宮廷内での恋愛に対して死罪も含めた厳罰があるが、宦官制度は導入されていない。理由は二つあるように思われる。動物の去勢手術は、主にユーラシアの遊牧民たちの技術であり、近代以前に日本にはなかったことが大きな理由であると思われる。動物に施すことのできない手術を、人間にできるはずがない。

もう一つの理由は、日本の宮廷社会の出仕者は、各豪族や、貴族から推薦されるのを常としてきた。だから、互いに地縁や血縁の関係を持っており、その体を傷つけることを容認しにくかったからであろう。自らの子や、親戚の子供の体を傷つけることができないのである。

だから、〈大土地所有者の貴族〉と〈学力エリートたる科挙合格者〉〈宮廷内に隠然たる勢力を持つ宦官〉による権力闘争という構図は、日本にはないのである。

もちろん、人間は協力と闘争の動物なので、日本社会にも、歴史上有名な、数々の権力闘争があるけれど、この三極構造はないといってよいだろう。日本の権力闘争は、主として氏族間の利害調整の失敗によって起るものである。これは、古墳時代から徳川将軍家の滅亡まで続いていた。理由はどうであれ、歴史的に見ると、日本の場合は、氏族間の争いとして、権力闘争も戦争も起るのである。

異民族支配の有無

中国語圏、朝鮮語圏に成立した諸国家の歴史は、言語を異にする集団間の抗争の歴史である。支配される／支配するの繰り返しであり、元《げん》（１２７１─１３６８）や清《しん》（１６４４─１９１２）のように北方の遊牧民が、統一王朝を建てることもあった。朝鮮半島も、幾度も異民族支配を経験し、漢や元の支配を受けている。また、近代においては、日本の支配下に入ったことも、忘れてはならない。

ところが、日本の場合は、戦後のＧＨＱの占領時代（１９４５─１９５２）を除いて、その経験がない。しかも、ドイツのように、戦争によって官僚機構が崩壊していなかったので、戦前の統治機構を温存し、それを利用するかたちで、占領軍統治も行なわれたのであった。さらに、その期間も、ごく短期間であった。

私は、日本が異民族の支配を受けなかったのは、単なる偶然の産物だと思っている。が、しかし。あえて日本びいきにいえば、ひらがな、カタカナのお蔭で、各時代のアジア諸国と比べても、識字率が高く、かつ島国だったからであろう。日本の場合、島国、群島国家といっても、人口規模がそれなりに大きく、船団でやって来ても、容易に支配することが難しい、と思う。さらには、一定の文化的伝統があり、識字率が高い集団を支配することはきわめて難しいのである。なぜならば、支配して同化させることが難しいからである。

つまり、日本は、海と文字とが守ってくれた国なのだ。

海を越える軍事力

もちろん、島国とて、安泰ではない。それは、海を越える軍事力もあるからだ。中国が海を越える軍事力を持った時代は、日本には大きな災難がやって来る。こう書くと、逆もまた真なりで、日本が海を越える軍事力を持った場合には、朝鮮半島の諸国家や、中国には大きな脅威になる。

元や明《みん》（1368―1644）、清といった中国の統一政権が安定期を迎え、国力が充実すると、日本にとっては大きな脅威となる。一方、大陸に地方政権が分立している時代には、その脅威はない。分立して軍事的対立がある場合、むしろ日本との同盟関係を強化しようという政権も現れるからである。こういった地方政権分立の時代に重要なのは、パートナー選びである。その大失敗の事例は、百済との軍事同盟を優先して、朝鮮半島の情勢を見誤り、大敗を喫した白村江の戦いであろう。

では、今日はどのような時代なのだろうか。巨大な中国パワーのなかで、どう生き延びるか、という時代であろう。それは、日本は海に守られた国ではあるけれども、その生存は、米中の海を越える軍事力のバランスの上に成り立っているからである。

日本は城壁のない国である

古代史学では、よくいわれることであるが、ヨーロッパから中国に至るまでは、都市の城郭すなわち城壁が発達しているのに対して、日本の都市は城郭がほとんどない。平城京においても、外国使節が通る羅城門の一部があるのみである。つまり、民族間の闘争が激しい地域においては、壁を作ることが政治そのものであり、軍事であり、外交そのものなのである。逆に、国が崩壊する時は、壁が崩れる時なのだ。

この感覚は、門があっても、都市に壁がない日本人には、じつにわかりにくい感覚である。異民族支配の経験が乏しい日本においては、壁を作って攻撃を防いだり、壁を作って民を支配するという発想そのものがないからだ。日本の場合は、海の外に異民族がいるので、「国内」と「海外」に分けてものごとを考えるし、「海外」といえば、すべての外国、諸地域を含んでしまうのである。つまり、海の〈内〉と〈外〉で自分たちのいる世界を認識しているのである。よく会議で、「海外では、そんなこと許されませんよ」と声を荒げる人がいるけれど、どこの地域のことか、聞いてみたくなることがある。

　記憶に新しいところでは、ドイツ民主共和国（東ドイツ）は、ベルリンの壁崩壊とともに消滅した。私は、今は観光地となっているベルリンの壁に立って、この壁を壊すことに象徴的な意味があるのは、ユーラシアにおいては、壁が都市や国家を作っていた歴史があるからだと思った。ベルリンの壁崩壊（１９８９）の時に、蜂起した民衆は鶴嘴《つるはし》で必死に壁のコンクリートを叩いていたが、人力で壁を崩すことなど、誰にもできないはずである。しかし、そういうパフォーマンスが、新しい国造りを象徴したのである。

写真／共同通信

1989 年 11 月9日、東西冷戦の象徴だった「ベルリンの壁」が崩壊した。

壁ではなく、日本では自然物の海で守られているために、国家というものを日常世界のなかで意識することは、ほとんどない。つまり、地域間対立や氏族間対立があったとしても、国家は分裂しないからである。

一方、大陸国家や半島国家は、常に国家が分裂する可能性があり、実際に、分裂国家を経験しているのだ。つまり、分裂国家の経験の有無が、外交感覚に決定的な差異をもたらしているのである。私たちは、韓国、北朝鮮、中国の強硬な外交姿勢にたじたじとなることがあるが、この感覚は日本語圏に住んでいると、なかなかわからないかもしれない。

経験が、個人や集団の思考を縛ることもあるのである。これ以上書くと、私個人の学術交流の際に悪い影響を与えることもありそうなので、具体的な事例については、読者の想像に任せることにしよう。

学者修行と旅

日ごろ、私の文章をよく読んでいる人なら、よくわかると思うが、私には父と母から受け継いだ小商人の感覚というものがある。学問にも「仕入れ」と「納品」と「代金回収」があると思っている。つまり、学問のために、お金と時間をどう使って、投資を回収するか、というようなことを常に、あれこれと考えている。だから、若い時から、本代と研究のための旅費は、自分に対する投資だと考えてケチったことがない（ケチらないのはよいが、あまり回収が進んでいないのが悩みの種である。224頁）。

以上の理由から、二十代から四十代は、アジアの街を旅したし、今はヨーロッパに行くことが多い。アジアの街をめぐっていたのは、やはり『万葉集』が東アジアの文学だからだ。その街に着くと、高いところから俯瞰《ふかん》して、それから博物館と美術館に行き、必要とあらば、数日に渡って見学する。そのあと街歩きをするのだが、アジアでは寺院と廟《びょう》をめぐる。したがって、同じ街にだいたい一週間は滞在することにしている。もちろん、ふところに余裕があれば、名物料理を食べにレストランにも行くが、とにかく歩く。だから、詐欺《さぎ》にも、スリにも遭って、泣いたことが一度ならずある。アジアが寺院と廟めぐりなら、ヨーロッパは教会めぐりである。

宗教的感覚の差異を感じる時

そういう旅を続けているうちに、何となく自己流で、その土地の個性のようなものを摑《つか》むようになっていった。その街の廟に祀《まつ》られているのは、関帝《かんてい》（関羽が神格化されたもの）か媽祖《まそ》（道教の女神）か。街のメインの教会はカトリックか、プロテスタントか。ミサは何語でやっているか。マリア信仰や聖人信仰のウエイトはどれくらいか、などなど。いろいろ、比較しつつ歩くようになった。

そういった私なりの街歩きで、中国語圏、朝鮮語圏、日本語圏の信仰を見渡すと、中国では、生活全体への浸透度で見れば、仏教よりも道教、道教よりも儒教の影響が大きいように見える。もちろん、分けられるものではないが、大づかみすると、そう思う。

韓国は、ある意味でキリスト教国だが、道教よりも仏教の影響が大きいというイメージがある。しかし、やはり韓国でも儒教を重視する伝統が根強い。キリスト教も儒教的キリスト教だ。

では、日本はどうかといえば、寺檀制度によって仏教の浸透度は高いが、それよりも、私は諸宗教を繋ぐ自然崇拝的感覚の影響の方が大きいように思う（122頁）。日本の場合、自然崇拝と仏教の影響に比較すると、儒教の影響は少ないというのが、私の見立てだ。

〈科挙導入の経験〉〈宦官制度導入の経験〉〈宗教的感覚〉〈分裂国の経験〉など、比較してゆくと日本語圏、朝鮮語圏、中国語圏で差異があることがわかる。そういう差異をどこまで実感として捉えることができるか、私なりに、この本では考えてきたつもりである。しかし、一番大きな差異を形成する要素となっているのは、島国、半島、大陸という地政学的な差異だろう。このように見てゆくと、ざっくりとではあるが、三つの語圏の人びとの行動様式の背景を理解できるのではなかろうか。

ただし、理解したつもりになってしまうと、これまたきわめて危険である。なぜならば、知恵こそ、こだわりの根源になるものだからである。私たちは、知恵があればこそ、生きられるのだが、その知恵といえども、こだわりの素《もと》となって人や集団を縛るからである。わかったつもりにならずに、常に感じて考えることが大切なのだと思う。そして、新しい知恵を身につけてゆくべきなのだ。

おわりに

本書には、明確な主張がある。

それは、世界を知ろうと思う人は、まず足元を見つめよ、ということである。なぜならば、そこが自分の立つ世界そのものだからである。つまり、足元は、地球のごく一部であり、世界のほんの一部にすぎないが、世界の一部であることには変わりがない。その一部こそが、個々人が実感によって把握できる世界なのである。

私は、個人の実感以外のものを信じない。たとえ、万巻の書を読み、一生をかけて世界を旅したとしても、世界は理解できないだろう。私は、この三十年間、同じ安アパートに住み、同じ大学の同じ学科に勤めているが、アパートのまわりも、大学の環境も大きく変化した。その変化こそ、私が実感できる世界の歴史だと思う。今の自分をかたち作っている過去の自身の経験、今の世界をかたち作っている過去の歴史的経験、本書では、そういう経験を知恵として捉えたかったのである。

この本の蔭の主人公というべき、祖母。その祖母から、私自身が引き継いだと思われる私の行動様式やものの考え方、父の授けてくれた知恵と母の授けてくれた知恵。

私は、けっして、自分以外の人間の感覚など信じない。なぜならば、私は、世界に一人しか、いないからだ。私にできるのは、他者に共感することだけである。私は、学生たちに、こう言う。

学問といったって、基本は、歩く、見る、聞く、食べる、ただそれだけです。もう一つ挙げるなら、想像力。

と。だから、私の語る世界や歴史は、必ず、今、ここ、私からはじまるし、本書においては、一九〇〇年生まれの祖母の力を借りた。

本書の立場

本書は、私の歩く、見る、聞く、食べる、そして読書と旅を通して語る一つの日本文化論だし、世界文化論である。一見してわかるのは、著者と著者を育んだ日本文化に対して、終始一貫、肯定的に記す著作態度だ。もちろん、光影を公平に論じようとはしているけれども、やはり、肯定的に記述していることは間違いない。

私は、人間がその文化に関心を持ち、思索を深めたい時は、対象とする文化に対して愛情、愛着を持っている時だと思う。したがって、日本文化に対して、この本はずいぶん甘めの評価だと思っている読者が多いはずだ。たしかに、甘めだ。それは、認めよう。

では、逆に問いたい。文化に対する思索に「客観」とか「中立」ということはあり得るのだろうか。どの思索にも、自己が立脚している思考の足場というものがあり、それはつまるところ特定の言語や文化だ。日本語で考えるということは、逆にいえば日本語に支配されるということなのではないか。つまり、文化を語る言葉には、「客観」とか「中立」というものはないのである。あるのは、共感と反発だけである。

日本文化が大嫌いな日本人

私は、和装の着付けもできないし、お茶やお花、お香のたしなみもない。では、日本文化と無縁に生活していたかというと、そうではない。本書に書いた通りだ。家族から、多くのものを受け継いでいる。文化は言語をはじめとするさまざまな事物や行動に宿るので、クラブの先輩、後輩の関係だって、日本文化だ。もちろん、それがとてつもなくいやになることだってある。一方で、日本文化のこの「カタ」を伝えなくてはならないと、意気込んでしまうこともある。家族のことを思いながら、私自身も揺れているのだが、概《おおむ》ね日本文化に肯定的である。それは、全面的な自己否定をしたくないからである。

明治という時代は、激しいナショナリズムの時代と思われがちであるが、日本文化に対して否定的な評価をしていた人びとも、じつは多かったのである。

現代の日本人は自分自身の過去については、もう何も知りたくはないのです。それどころか、教養ある人たちはそれを恥じてさえいます。「いや、何もかもすっかり野蛮なものでした〔言葉そのまま！〕」とわたしに言明したものがあるかと思うと、またあるものは、わたしが日本の歴史について質問したとき、きっぱりと「われわれには歴史はありません、われわれの歴史は今からやっと始まるのです」と断言しました。なかには、そんな質問に戸惑いの苦笑をうかべていましたが、わたしが本心から興味をもっていることに気がついて、ようやく態度を改めるものもありました。

（トク・ベルツ編、菅沼竜太郎訳『ベルツの日記（上）』岩波書店、1988年、初版1979年、エルウィン・ベルツの1876年〔明治九年〕の日記の一文）

エルウィン・フォン・ベルツ（1849―1913）は、日本政府に招かれたドイツ人医師で、明治日本の傍観者の一人である。明治九年（1876）といえば、文明開化の時代であり、廃刀令から、神風連《しんぷうれん》の乱を中心とする士族の反乱が西日本を中心に勃発していた時代であった。一方、この発言のバイアスについても考えておく必要があるだろう。ベルツは、当時最先端とされていたドイツの医学を、日本に伝えるためにやって来た人物である。つまり、西洋の先進文化を体現する人物であったということができよう。そういったベルツに対して発せられた言葉であることを念頭に置いて考える必要があることは間違いない。

しかし、そのバイアスがあったにせよ、バイアスを引き去った上にしろ、私はこの言葉を聞くと何となく悲しい気分になる。自己の歴史も文化も全否定だというのだから。つまり、なかったことにしたいというのである。私は、過去の全否定からは、新しい文化の創造もできないと思う。新しいものを産み出すには、ほんのひとかけらでも、自己を肯定的に捉える心が必要だ、と思うからである。

一方、自信過剰が悲劇をもたらすことを、私たちは太平洋戦争の敗戦によって知っている。本書を書きながら、私は常に心のバランスを取ろうとしていた、と思う。だから、光と影、功と罪を気にしながら書いたつもりである。

が、しかし。それでも、この本は、日本文化に好意的だとは思うが——。

あとがき

この本には、やんちゃで、暴走する「私」がいる。まぁ、いいか？

本書のような放言集は、これが最初で最後の本になると思う。本書は「今」「ここ」「私」を軸として語る日本歴史文化論で、校正で読み直してみると、学問的とはいえない感覚的な記述もはなはだ多い。

では、私は、この本で、何を語りたかったのであろうか。それは、六十歳の今の私が考える日本の歴史文化の特性、今の私が考える世界像を、余すところなく自由に語ってみたかったのである。

もちろん、自分に、そんな本を書く学力があるのか、今でも悩んでいる。私が専門家としての知見を持っているのは、せいぜい七世紀後半から八世紀後半の歌を中心とした文化であり、『万葉集』を講壇で語っているにすぎない。しかし、それとてあやしいものだ。先日は、とある専門学会の学会誌に投稿したところ、B判定で「書き直しの上、再投稿されたし」の旨の通知書が届いた。つまり、書き直しを命ぜられたのだ。おかげで、半日寝込んでしまった（Aは無条件採用、Bは書き直しの上再審査、Cは不採用）。もちろん、『万葉集』の専門家をして、それなりの地歩を占め、時に第一人者といわれているにしても、権威ある学会の厳格な査読を受けると、書き直しを命ぜられることもあるのだ。情けないけれど、それが今の私の現実なのである。とにかく、論文を書く時は、いつも薄氷を踏む思いだ。

　大学院生のころから、とにかく専門分野を小さく小さく絞って、細分化した分野のなかで論文を書き、それをちまちまと学会誌に投稿して、その論文の点数によって、就職し、昇任してきた歴史が私にはある。だから、私の専門家としての知見は、『万葉集』の研究、それも特異な文化論の一部にしか及ばないのだ。『古事記』『日本書紀』『日本霊異記』『伊勢物語』『古今和歌集』くらいまでなら何とかなるが、『源氏物語』になるとお手上げだ。

　イタリア料理の料理人でいうなら、スパゲッティなら何とか茹《ゆ》でられるが、ペンネは茹でられないというレベルだ。まったく、広さがない。情けないことだ。

が、しかし。そんな私とて、学知への思いは無限に広がる。文学だけではなく文化、日本文化だけでなく、比較文化と、私だって思考の翼を広げてみたい。どんどん細分化してタコ壺化する学問、そんななかで一生に一度は、世界を論じてみたかったのである。
小学館の今井康裕さんから出版のお誘いがあった時、かくなる私の思いを黙って聞いていた今井さんは、樋口清之の『梅干と日本刀』みたいな本にしましょう、と言ってくれたのを、昨日のことのように思い出す。私にとっては、大きなチャンスがめぐってきたのだ。今、危惧していることは、私は本書で読者という試験官に学力試験を受けているのかもしれないぞ、ということだ。だから、この本は、よくも悪くも、上野誠という万葉学徒の学力の限界を示している本だといえよう。

本書、執筆にあたっては、植物遺伝学の佐藤洋一郎先生のご教示を受けた。そして、お世話になった冥界にいる多くの恩師に、記して、御礼を申し上げたい（「先生！上野は何とか、研究者として生き残ってますよ」）。

また、校正を手伝ってくれた佐伯恵秀、大場友加、仲島尚美、太田遥の諸氏にも、御礼を申し上げたい、と思う。感謝、多謝。ありがたく、ありがたく。

新しい職場への期待をふくらませつつ　著者識す

二〇二一年のひなまつる日に

カバー挿画／先斗ポン太

上野 誠　うえの・まこと

1960年福岡県生まれ。國學院大學大学院文学研究科博士課程後期単位取得満期退学。博士（文学）。奈良大学教授を経て、2021年４月より國學院大學文学部教授（特別専任）。研究テーマは、万葉挽歌の史的研究と万葉文化論。日本民俗学会研究奨励賞、上代文学会賞、角川財団学芸賞などを受賞。『折口信夫　魂の古代学』、『万葉文化論』、『日本人にとって聖なるものとは何か―神と自然の古代学』『万葉集講義　最古の歌集の素顔』『万葉学者、墓をしまい母を送る』など著書多数。

教会と千歳飴

日本文化、知恵の創造力

2021年4月7日　初版第１刷発行

著　者　上野　誠

発行者　水野麻紀子

発行所　株式会社 小学館

〒101-8001　東京都千代田区一ツ橋２-３-１

（編集）☎03-3230-5901（販売）☎03-5281-3555

印刷所　凸版印刷株式会社

製本所　株式会社若林製本工場

装　丁　稲野 清（B.C.）

編　集　今井康裕（小学館）

ISBN　978-4-09-388815-8